Anonymous

Die römischen Denksteine des Grossherzoglichen Antiquariums in Mannheim. Wiss. Beigabe zu d. Progr., Gymn. Mannheim

Anonymous

Die römischen Denksteine des Grossherzoglichen Antiquariums in Mannheim.
Wiss. Beigabe zu d. Progr., Gymn. Mannheim

ISBN/EAN: 9783742874726

Hergestellt in Europa, USA, Kanada, Australien, Japan

Cover: Foto ©Andreas Hilbeck / pixelio.de

Manufactured and distributed by brebook publishing software (www.brebook.com)

Anonymous

Die römischen Denksteine des Grossherzoglichen Antiquariums in Mannheim. Wiss. Beigabe zu d. Progr., Gymn. Mannheim

DIE RÖMISCHEN DENKSTEINE DES GROSSHERZOGLICHEN ANTIQUARIUMS IN MANNHEIM...

Ferdinand Haug

Die
RÖMISCHEN DENKSTEINE

des

Grossherzoglichen Antiquariums

in

Mannheim

von

Professor Ferdinand Haug

(Jetzt Direktor des Gymnasiums in Konstanz).

Wissenschaftliche Beigabe zu den Programmen des Gymnasiums Mannheim für die Schuljahre 1875/77.

1877. Programm.   **Konstanz.**
Nr. 483.   Druck von Friedr. Stadler.
Gymn. Mannheim.

Wie schon in dem vorjährigen, im Herbst veröffentlichten Programm angezeigt wurde, erscheint die für das Schuljahr 1875/76 angekündigte wissenschaftliche Beigabe etwas später, da der Herr Verfasser durch seine Versetzung nach Konstanz im letzten Sommer an der Vollendung derselben gehindert wurde. In der Ueberzeugung, dass durch diese Monographie das Verständniss und die Würdigung des mit unserer Anstalt seit ihrer Gründung in Zusammenhang stehenden Grossh. Antiquariums gefördert werde, habe ich das Anerbieten des Herrn Verfassers, die angefangene Arbeit von seiner neuen Stellung aus als Programm-Abhandlung des hiesigen Gymnasiums zu vollenden, dankbar angenommen. Wegen der grösseren Druckkosten gilt dieselbe zugleich als Abhandlung für das Schuljahr 1876/77.

Mannheim, im Februar 1877.

Direktor Caspari.

Einleitung.

Das Grossherzogliche Antiquarium in Mannheim ist in seiner Entstehung aufs engste verflochten mit der Kurfürstlich Pfälzischen Akademie der Wissenschaften, welche im Jahr 1763 von Karl Theodor (reg. 1742—1799) zu Mannheim gegründet wurde. Eine ihrer Hauptaufgaben war es ja eben, die grossartigen Sammlungen, welche der baulustige und prachtliebende, aber auch für Kunst und Wissenschaft begeisterte Fürst anlegte, zu beaufsichtigen und zu erweitern, wissenschaftlich zu ordnen und zu verwerthen (vgl. die Stiftungsurkunde, Acta. Pal. I). Wenn wir absehen von den verschiedenartigen Alterthümern, welche von demselben aus Italien und andern Ländern durch Kauf und Schenkung zusammengebracht wurden, und uns hier auf die Sammlung römischer Denksteine aus Deutschland beschränken, so ist der Grundstock dazu eben erst von der Akademie, und zwar im Jahr ihrer Stiftung gelegt worden. Ungefähr die Hälfte dieser Denksteine ist mit Metallplättchen versehen, welche die Herkunft und die Zeit ihrer Aufnahme ins Antiquarium angeben; aus diesen erhellt, dass im Jahr 1763 vier Steine aus der nächsten Umgebung den Anfang machten (6. 13. 86. 87). In den nächsten Jahren waren es besonders die wissenschaftlichen Reisen von Mitgliedern der Akademie, welche die Folge hatten, dass eine grosse Menge von römischen und mittelalterlichen Denkmälern, sowie von Urkunden bekannt und theils für die Mannheimer Sammlungen erworben, theils in den Berichten und Abhandlungen veröffentlicht und besprochen wurden. Von diesen ‚itineraria' und ihren Ergebnissen gab der »beständige Sekretär der Akademie,« Andreas Lamey, in den Acta academiae Theodoro-Palatinae ausführliche Nachricht. Im Jahr 1764 wurden zwei solche Reisen gemacht, die sich hauptsächlich auf Worms, Mainz, Ingelheim, Wolfstein erstreckten (Acta Pal. I. 19—46); im Jahr 1767 wurde Speier, Godramstein, Heilbronn, Boxberg u. a. Orte besucht (ebd. II. 7—63); endlich 1768 Nassau, Boppard, Simmern, Trier, Bonn, Köln, Düsseldorf, Jülich (ebd. III. 18—76). Daran schlossen sich nicht nur manche sehr schätzbare antiquarische Abhandlungen, besonders von Lamey, an, sondern auch die Erwerbung einer Reihe von römischen Denkmälern. Laut Angabe der eingelegten Metalltäfelchen wurden der Sammlung einverleibt: a. 1764 Nr. 1. 2. 10. (14. 19.) 22. 78; a. 1765 Nr. 16 und 55; besonders aber a. 1766 achtzehn von Mainz, hauptsächlich Soldatengrabsteine (Nr. 5. 39—48. 52—54. 57. 58. 68. 76); sodann a. 1767 mindestens acht aus der jetzigen bayrischen Rheinpfalz, namentlich vierseitige Altäre von Godramstein (Nr. 9. 11. 18. 20. 72. 74. 77. 83); ferner a. 1769 sieben Steine vom Niederrhein und von Neuburg a. d. Donau (Nr. 4.

8. 69 (?). 80. 81. 82. 84). Endlich kamen a. 1770 noch drei einzelne von verschiedenen Orten dazu: Nr. 7. 21. 85. Nach dem Jahr 1770 wurde leider die Bezeichnung der Steine durch Metallplättchen unterlassen. Wir wissen nun zwar durch andere Nachrichten, dass Nr. 3 wahrscheinlich a. 1773, Nr. 17 a. 1777, Nr. 24—26. 28. 29. 31—34 (die neun Matronensteine von Rödingen im Jülichschen, gefunden 1785), ferner Nr. 27. 30. 36. 38. (Votivsteine für Hercules von Remagen, gefunden 1784), und endlich Nr. 35 und 37 (Alzei, gefunden 1783), noch vor 1789 nach Mannheim gebracht worden sind (Acta Pal. VI). Dagegen ist von den übrigen Steinen nicht nur die Zeit ihrer Versetzung nach Mannheim, sondern zum Theil auch, was mehr zu bedauern, ihre Herkunft nicht urkundlich bezeugt. Von mehreren lässt sich allerdings beides mit annähernder Gewissheit bestimmen; bei andern sind wir gänzlich im Dunkeln (vgl. darüber bei den einzelnen Numern).

Schon die Verlegung der Kurfürstlichen Residenz von Mannheim nach München (1777 bis 1778) musste das Interesse des Fürsten für die wissenschaftlichen Institute und Sammlungen in Mannheim abschwächen; die Stürme der französischen Revolution machten der Pfälzer Akademie der Wissenschaften ein Ende. Erledigte Stellen in derselben wurden trotz dringender Bitten nicht wieder besetzt, so auch die Stelle am Antiquarium, und am 1. Februar 1794 ergieng der Bescheid: »Se Kurf. Durchlaucht wollen sich bei dermaliger empfindlichen Stockung der Finanzien und betrübtesten Zeitumständen äusserst angelegen sein lassen, alle möglichen Ausgaben und Geldsplitternde Depensen zu unterdrücken, welche nicht unumgänglich die Nothwendigkeit des Staats erfordert, wozu dann vorzüglich leicht entbehrliche Sachen gerechnet werden; Höchstdieselben haben dahero auch gnädigst verordnet und wollen, dass die Unterhaltung Kurf. Akademie der Wissenschaften dahier, als ein dermal leicht zu entbehrender Gegenstand (!), bei solchen Zeitläuften ganz unterbleiben solle« u. s. w. So war denn der im Jahr 1794 erschienene Band der Acta, Tom. VII. pars historica, der letzte.

Nachdem aber Kurfürst Karl Theodor im Jahr 1799 gestorben und in Folge des Friedens von Luneville die Rheinpfalz von Bayern abgetrennt war, wurde im Jahr 1802 auf Befehl des Kurfürsten Max Joseph trotz der Bitten der Mannheimer Bevölkerung Anstalt getroffen, die wissenschaftlichen und Kunstsammlungen nach München zu verbringen (Rescript vom 10. Novbr. 1802).*) Vergeblich war die Berufung der bürgerlichen Deputation auf den Stiftungsbrief Karl Theodors, vergeblich die rührendste Bitte um Belassung in Mannheim; dieselbe wurde am 15. November schnell und kurz abgewiesen mit der Bemerkung, dass die angeführten Gründe »theils auf unrichtigen Angaben, theils auf Voraussetzungen beruhen, die leider nicht mehr zutreffen.« Doch fiel die Sache für Mannheim nicht so ganz schlimm aus: einerseits erhielt die Stadt durch Vermittelung des Gesandten von Dalberg in Paris schöne, werthvolle Gypsabgüsse von antiken Sculpturen in

---

*) Vgl. W. Christ, Beiträge zur Geschichte der Antikensammlungen Münchens. (Abh. der k. bayer. Akad. der Wiss. I. Kl. X Bd. II Abth.) München 1864. Nach dieser mir von dem Vf. gütigst zugeschickten Abhandlung stammen die eigentlichen Perlen der Sammlung im „Königl. Antiquarium", theils Broncen theils Marmorwerke, eben aus Mannheim (S. 20 ff.). Der Vf. erwähnt auch „zwei Verzeichnisse über die (mit der Uebersiedlung der Bibliothek) gleichzeitige Transportirung von Kunstwerken," welche jedoch nach seiner Angabe nicht vollständig sind. Meine Erkundigungen nach einem etwa noch in München vorhandenen Katalog des ganzen Mannheimer Antiquariums waren erfolglos. - Die Kenntniss der oben auszugsweise mitgetheilten Aktenstücke verdanke ich dem städtischen Archiv in Mannheim, in welchem Copien derselben aufbewahrt sind.

mehreren Sendungen; andrerseits fasste der Kurfürst von Pfalzbayern »den gnädigsten Entschluss, dass alljenes, was nach der Meinung der zur Auswahl anher eigens abgesendeten Sachverständigen höchst Ihnen entbehrlich sein könnte, der Stadt Mannheim belassen werden solle.« Der kurbayerische Gesandte verband damit den »Wunsch, dass aus diesem ehrsamen Ueberbleibsel ehemaliger Kunst- und wissenschaftlichen Anstalten bald wiederum ein Ganzes entstehen möchte.« Die Stadt Mannheim aber, zufolge des Reichsdeputations-Hauptschlusses von 1803 definitiv mit Baden vereinigt, legte ihrem neuen Landesherrn, Kurfürst Karl Friedrich, den zurückgebliebenen Rest jener Sammlungen »zur gnädigsten Aufbewahrung und öffentlichen Benutzung derselben dahier in dem kurfürstlichen Schlosse treugehorsamst zu Füssen, damit sie als Monument ebensowohl der Milde unserer vorderen Kurregenten gegen die Stadt als der letzteren ehrfurchtsvollsten Ergebenheit gegen ihren nunmehrigen geliebtesten Beherrscher in ihren bisherigen Localen erhalten und dann nach Höchstdesselben ganz eigenen Achtung für Wissenschaften und Künste successiv bevollständiget und zur zweckmässigen öffentlichen Benützung' bestimmt werden wollen.« Allein noch drei Jahre vergiengen, bis diese Schenkung zum Vollzuge kam. Einerseits bedachte sich Karl Friedrich (seit Aug. 1806 Grossherzog), das Geschenk anzunehmen, da allerdings die Vortheile ganz auf Seiten der Stadt waren andererseits bedung sich die Stadtgemeinde die bestimmte landesherrliche Zusicherung aus, »dass die mildest angenommenen Naturalien-, Antiquitäten- und Bücher-Sammlungen in hiesiger Stadt, in dem Grossherzoglichen Schlosse, in ihrem bisherigen, so geschmackvoll als kostbar dazu hergerichteten Verwahrungsort für jeh und allezeit, ganz und unzertrennt belassen werden sollen« (29. April 1809). Nachdem vom Ministerium im Namen des Grossherzogs diese Versicherung gegeben war (12. Mai 1809), wurden die Sammlungen zur Verwaltung und Aufsicht dem neugegründeten Lyceum übergeben, und zwar dem Medicinalrath und Hofapotheker Baader als Lehrer der Naturgeschichte am Lyceum das Naturalienkabinet, dem damaligen (alternirenden) Direktor des Lyceums, Professor Weickum, das Antiquarium, und dem Professor Martin die Bibliothek (Protokoll der Uebergabe vom 24. Juli 1809). Weickum war Custos des Antiquariums bis zu seiner Pensionirung an Ostern 1830. Die schon im Jahr 1808 ins Auge gefasste Aufgabe, einen »räsonnirenden Katalog anzufertigen, wozu die unter dem Nachlass des verlebten Hofraths und beständigen Sekretärs Lamey erfindlichen Manuscripten die Erleichterung gewähren möchten,« wurde von demselben nicht gelöst. Doch spricht Gräff (S. VI) von Vorarbeiten desselben, die er benützt habe; dieselben scheinen nicht mehr vorhanden zu sein. — Nach einem Provisorium von 5½ Jahren bekam Georg Franz Gräff, ebenfalls Professor und alternirender Direktor des Lyceums, ein Schüler Creuzers, die Function eines Custos und bekleidete sie bis kurz vor seinem Tode, der am 22. Mai 1855 erfolgte. Gräff verfasste einen Katalog und gab ihn als Beilage zu dem Programm des Lyceums in zwei Abtheilungen heraus: Das Grossherzogliche Antiquarium in Mannheim. Mannheim bei Löffler 1837,39. Der I. Theil enthält die »Beschreibung der 87 meist römischen Denksteine,« der II. Theil die Beschreibung der übrigen (sehr verschiedenartigen) Antiquitäten. *)

---

*) Diese zweite Abtheilung des Antiquariums wurde, wie es scheint, wegen der Vergrösserung des Naturalienkabinets im Jahr 1837 von diesem getrennt und auf die linke Seite des Thorbogens versetzt, wo jetzt die Gensdarmerie sich befindet. Später wurde sie in den grossen Bibliothek-Saal verbracht, endlich aber im Jahr 1871 bei Gründung der städtischen Bibliothek auch aus diesem entfernt und ist seitdem provisorisch in einem Saal in der Mitte des Schlosses aufgestellt.

Diese Arbeit steht aber weit hinter dem zurück, was Lamey schon lange vorher in den Acta Palatina veröffentlicht hatte, und bietet manche sehr starke Beispiele von Nachlässigkeit, wodurch bis auf die neuste Zeit Irrthümer verbreitet worden sind (vgl. 15. 18. 21. 23. 30. 40. 63. u. a.). Nach Abfassung dieses Katalogs wurde die Sammlung römischer Denksteine noch um zwei Stücke vermehrt: 1844 kam Nr. 88, 1846 Nr. 89 hinzu. — Gleichzeitig mit Gräff wirkte am Lyceum in Mannheim noch ein anderer Mann für die Kenntniss und das Verständniss römischer Alterthümer, Professor Philipp Rappenegger, welcher in den Jahren 1845 f. »Die römischen Inschriften im Grossherzogthum Baden« ebenfalls als Programm-Beilagen des Gymnasiums veröffentlichte. — Gräffs Nachfolger als Custos aber wurde nach kurzem Provisorium im Juli 1855 Professor Dr. Fickler, durch eine Reihe von Schriften aus dem Gebiete der vaterländischen Alterthümer und Geschichte auch in weitern Kreisen bekannt. Da die Mangelhaftigkeit des Gräff'schen Katalogs offenkundig war, so wurde er mit der Abfassung eines neuen beauftragt, erhielt auch zum Besuch anderer Alterthumsmuseen einen Reisebeitrag und wurde im September 1860 zum »Direktor des Grossh. Antiquariums und Vorstand der Hofbibliothek« ernannt; allein durch sonstige Arbeiten vielseitig in Anspruch genommen fand er nicht Zeit zur Aufertigung eines neuen Katalogs; nur ganz unbedeutende Vorarbeiten dazu haben sich gefunden. — Nach seinem Tode (18. Decbr. 1871) blieb die Stelle des Custos verwaist, bis im Juli 1875 der Unterzeichnete damit betraut wurde und auch sofort den lange gewünschten Katalog in Angriff nahm. Seine Beförderung zum Direktor des Gymnasiums in Konstanz (April 1876) unterbrach freilich die dahin zielenden Arbeiten. Da aber die Bearbeitung der Sammlung römischer Denksteine schon bis zu einem vorläufigen Abschluss gediehen war, und der schon bei dem Corpus Inscriptionum Rhenanarum und mehreren selbständigen kleinern Arbeiten als sorgfältiger und scharfsinniger Forscher bewährte Karl Christ, ausw. Sekr. des Vereins von Alterthumsfreunden im Rheinland, seine Unterstützung in bereitwilligster Weise zusagte, so glaubte ich es wagen zu dürfen, den Katalog von Konstanz aus zu vollenden. Wenn ich die Arbeit aus Bequemlichkeit oder Kleinmuth liegen gelassen hätte, so wären nach den bisherigen Erfahrungen vielleicht wieder Decennien vergangen, bis der schlechte Gräff'sche Katalog Ersatz durch einen bessern gefunden hätte. Die Bearbeitung der zweiten Abtheilung des Antiquariums muss ich freilich einem Andern überlassen.

Bei der Anordnung des Katalogs hätte ich gerne entweder eine sachliche oder eine topographische Reihenfolge beobachtet, allein die einmal eingeführte und den Steinen aufgeschriebene Numerirung wurde doch am einfachsten beibehalten und die sachliche wie die topographische Ordnung im Index berücksichtigt. Für die Erklärung der einzelnen Denkmäler glaubte ich soviel thun zu müssen, als Leute von klassischer Bildung zum Verständniss nöthig haben. Aus diesem Grunde habe ich ausser dem, was Kenner des Fachs von einer solchen Arbeit fordern, auch einen kurzen Commentar beigefügt, wie ich früher in meinen »Römischen Inschriften von Wirtembergisch Franken« gethan habe. Dagegen glaubte ich die Uebersetzung der Inschriften ins Deutsche weglassen zu dürfen. Abgesehen von diesem Punkte trifft meine Art der Behandlung so ziemlich mit dem schönen Werk von J. Becker, Die römischen Inschriften und Steinsculpturen des Museums der Stadt Mainz (1875), zusammen. Dass ich Brambachs verdienstvolles Corpus Inscriptionum Rhenanarum bei allen inschriftlichen Denkmälern dankbar benützt habe, versteht sich von selbst; doch habe ich den Text durchaus selbständig und sorgfältig festgestellt und manches berichtigt, die Literatur, soweit ich ihrer habhaft werden konnte, verglichen und ergänzt und den Schicksalen jedes Denkmals möglichst genau nachgeforscht. Dabei hatte ich mich seit meinem Abgang von Mannheim der sachkundigen und aufopfernden Beihilfe Christs zu erfreuen. Wo die Lesung unzweifelhaft feststeht, erschien es unnöthig, die verfehlten Versuche Gräffs und Anderer zu wiederholen. Dagegen war es mehrfach nothwendig, der Unvollkommenheit der typographischen Darstellung durch einige erläuternde Worte zu Hilfe zu kommen und Unsicherheiten in der Lesung ebenfalls mit Worten zu bezeichnen.

Schliesslich habe ich noch für wohlwollende Unterstützung dieser Arbeit meinen Dank auszusprechen besonders der Verwaltung der Universitätsbibliothek in Heidelberg, welche mir die Benützung der einschlägigen Literatur aufs zuvorkommendste erleichterte, der Direktion des Generallandesarchivs in Karlsruhe, die mir den Nachlass A. Lameys in der liberalsten Weise zur Verfügung stellte, und endlich dem „Vereine zur Erforschung der Rheinischen Geschichte und Alterthümer" in Mainz, welcher die für das Becker'sche Werk gegossenen Ligaturen mir freundlichst zur Benützung überliess.

Konstanz, Februar 1877.

Der Verfasser.

Verzeichniss der öfter vorkommenden Schriften.

Acta Pal. = Acta academiae Theodoro-Palatinae. I 1766. II 1770. III 1773. IV pars hist. 1778. V p. hist. 1783. VI p. hist. 1789. Mannh. 4.
Apian = Petrus Apianus et Barth. Amantius, Inscriptiones sacrosanctae vetustatis. Ingolst. 1534. Fol.
Barth, Casp., Adversariorum commentariorum libri LX. Francof. 1624. Fol. (LII enthält Mittheilungen des Speirer Priesters Jak. Beyell v. J. 1533).
B. J. = Bonner Jahrbücher, d. h. Jahrbücher des Vereins von Alterthumsfreunden im Rheinland. Heft 1—58. Bonn 1842—1876. 8.
Brambach, Guil., Corpus inscriptionum Rhenanarum. Elberf. 1867. 4.
Brewer, Vaterländische Chronik der k. preussischen Rhein-Provinzen. Eine Zeitschrift. I—II. Köln 1825—26. 8. (Von mir nach Brambach citirt).
Christ, K., Monumenta Romana Palatinatus ad Nicrum. Fascic. I (autogr. Mscr. o. Jahr).
Creuzer, Zur Geschichte altrömischer Cultur am Rhein und Neckar. Darmst. 1833. 8.
Cullmann, Spicilegium praecipuorum monumentorum Romano-Palatinorum, als Anhang zu De pontificatu Romanorum imperatorum etc. Gedruckt zu Heid. 1764. 4. (Von mir nach Christ citirt).
Dielhelm, Antiquarius des Neckarstroms. 1. Aufl. 1740. — 2. Aufl. 1781. 8. (Citirt ist die letztere).
Donatus, Ad novum thesaurum veterum inscriptionum Muratorii supplementum. Lucae I 1765. II 1775. Fol. (Die Inschriften 468, 1—470, 6 gibt Donat nach Sam. Friedr. v. Schmidt, der sie von A. Lamey empfieng).
Fickler-Christ = Fickler, Römische Alterthümer aus der Umgegend von Heidelberg und Mannheim. Mannh. 1865. 8. Zweite Aufl. von K. Christ in den Verh. der 24. Philologenversammlung zu Heidelberg. 1866. 4. (Citirt ist die zweite Aufl. nach Numern).
Freher, Origines Palatinae, ed. I 1599. 4. ed. II 1613. Fol. ed. III Heidelberg 1686. 4.
Fuchs, P. Joseph, Alte Geschichte von Mainz. I—II. Mainz 1771. 4. (auch in lateinischer Ausgabe: Historia Moguntiacensis; diese ist von mir nach Brambach citirt).
Gräff, Das Grossherzogl. Antiquarium zu Mannheim. I Mannh. 1837. 8.
Grotefend, C. L., Imperium Romanum tributim descriptum. Hanu. 1863. 8.
Gruterus, Janus, Inscriptionum Romanarum corpus absolutissimum. 1616. Fol.
Hansselmann, Beweis, wie weit der Römer Macht — auch in die nunmehrige Ostfränkische, sonderlich Hohenlohische, Lande eingedrungen (u. s. w.) Schwäb. Hall 1768. Fol. Fortsetzung des Beweises (u. s. w.) ebd. 1774. Fol.
Haug, Ferd., Epigraphische Mittheilungen, in B. J. 55—56, S. 151—176.
Hefner, Joseph v., Das römische Bayern, 2. Aufl. München 1842. 8. — Das röm. Bayern in s. Schrift- und Bildmalen. 3. Aufl. München 1852. 8. u. Fol.

Hüpsch, Epigrammatographia sive collectio inscriptionum — Germaniae inferioris. Col. ad Rh. 1801. 4.
Intelligenzblatt des k. bayr. Rheinkreises. Speier 1818—1830. 4. (Von mir nach Brambach citirt).
Kayser, Historischer Schauplatz der Stadt Heidelberg. (Heid.) 1733. 8.
Klein, C., Inscriptiones latinae provinciarum Hassiae transrhenanarum. Mogont. 1858. 4.
Knapp, Römische Denkmale des Odenwalds, 1. Aufl. Heid. 1814. — 2. Aufl. von Scriba. Darmst. 1854. 8.
König, Beschreibung der römischen Denkmäler, welche 1818 bis 1830 im k. bayr. Rheinkreise entdeckt worden. Kaisersl. 1832. 8.
Lamey, Mscr. = zwei Fascikel mit Notizen von A. Lamey, auf dem Karlsruher General-Landesarchiv: 1. „Epigraphica" überschrieben. 2. „Itinera literaria" (diese mit der Nurner 300 g).
Lehne, Fr., Gesammelte Schriften, herausg. von Külb. Mainz 1836—39. 8. (Besonders: »Die römischen Alterthümer der Gaue des Donnersbergs.« — Citirt ist zuerst die Seite, dann die Numer).
Leodius, De Heidelbergae antiquitatibus (um 1550), als appendix zu seinen „Annales Friderici II electoris Palatini" gedruckt 1624 und 1665, aber auch enthalten in Frehers „Orig. Palat." und in Reinhards „Rerum Palatinarum scriptores."
Maffei, Museum Veronense. Veronae 1749. Fol.
Mommsen, Th., Corpus inscriptionum latinarum III 2. Berol. 1873. Fol.
Montfaucon, L'antiquité expliquée, mit Suppl. Paris 1722—24. Fol.
Muratori, Lud. Ant., Novus thesaurus veterum inscriptionum. I—IV. Mediol. 1739—42. Fol.
Nass. Ann. = Annalen des Vereins für Nassauische Alterthumskunde und Geschichtsforschung. Wiesbaden 1830 ff. 8.
Orelli-Henzen = Inscriptionum latinarum amplissima collectio. I—II ed. Orelli 1828. — III ed. Henzen 1856. Turici. 8.
Pococke et Milles, Inscriptiones antiquae (Lond.) 1752. Fol. (Von mir nach Brambach citirt).
Raiser, Der Oberdonaukreis des Königreichs Bayern unter den Römern. Augsb. 1830. 4.
Rappenegger, Die römischen Inschriften, welche bisher im Grossh. Baden aufgefunden wurden. I—II (Beilagen zum Mannheimer Lyceums-Programm) 1845—46. 8. (Citirt sind die Numern).
Ring, Max de, Mémoire sur les établissements romains du Rhin et du Danube. I 1852. II 1853. Paris-Strasb. 8.
Schöpflinus, Jo. Dan., Alsatia illustrata. I Colm. 1751. Fol.
Schreiber, H., die Feen in Europa. Freib. 1842. 4.
Stälin, Wirtembergische Geschichte I. Stuttg. 1841. 8. (Seite 28 ff., nach den Nr. citirt).
Stark, B., Zwei Mithräen der Grossh. Alterthümersammlung in Karlsruhe. Heid. 1865. 4.
Ders., Ladenburg und seine römischen Funde, in B. J. 44—45 (1867), S. 1 ff.
Steiner A = Codex inscriptionum Romanarum Rheni. Darmst. 1837. 8.
Steiner B = Codex inscriptionum Romanarum Danubii et Rheni. I—V 1852—1864. 8. (Von beiden Büchern werden die Numern citirt).
Wagener, Handbuch der vorzüglichsten in Deutschland entdeckten Alterthümer aus heidnischer Zeit. Weimar 1842. 8.

de Wal, De moedergodinnen. Leyden 1846. 8. (Von mir nach Brambach citirt).
de Wal, Mythologiae septentrionalis monumenta epigraphica latina. Traj. ad Rh. 1847. 8. (Citirt werden die Numern).
Wilmanns, Exempla inscriptionum latinarum. I—II. Berol. 1873. 8.
Wiltheim, Luciliburgensia sive Luxemburgum Romanum, ed. A. Neyen. Lux. 1842. 4.
Z. f. A W. = Zeitschrift für Alterthumswissenschaft, herausg. von Zimmermann. Darmst. 1834 ff. Dann von Cäsar. Marburg 1843 ff.
Zell, K., Uebersichtliche Darstellung und Verzeichniss der im Grossh. Baden bisher aufgefundenen Schriften (sic), in den Schriften des Alterthumsvereins für das Grossh. Baden I, 2. Heft (1846) S. 213—242. 8. (Citirt sind die Numern).
Zell, K., Handbuch der römischen Epigraphik. I Delectus inscriptionum Romanarum. Heid. 1850. II Anleitung zur Kenntniss der römischen Inschriften. Heid. 1852. 8.

Sonstige Abkürzungen und Zeichen.

Abb. = Abbildung; m. Abb. = mit Abbildung. — Br. = Breite, D. = Dicke, H. = Höhe, immer in Centimetern ausgedrückt. — M. = Mannheim. — T. = das Metallplättchen, welches die Herkunft der Denkmäler und das Jahr ihrer Verbringung nach Mannheim angibt (vgl. die Einleitung). — Z. = Zeile (der Inschrift). — l. = links. r. = rechts. o. = oben. u. = unten.

Die Bezeichnungen rechts und links sind immer vom Standpunkt des Denkmals aus zu verstehen, nicht von dem des Beschauers.

Die Einfassung der Inschriften mit geraden Linien bedeutet unversehrte Erhaltung der Grenzen; wo diese Einfassung fehlt, ist der Stein verletzt, also die Inschrift (sicher oder möglicherweise) unvollständig. — In dem Text der Inschriften selbst deutet ein einfacher dünner Strich eine kleine Lücke an, in welcher ein Punkt oder ein halber Buchstabe stand oder stehen konnte; zwei solche Striche bedeuten, dass ein ganzer Buchstabe wirklich fehlt oder fehlen kann.

Uebrigens sind die fast ganz erhaltenen Buchstaben, wenn kein Zweifel möglich ist, meistens ganz ausgedruckt.

Kirchhelm an der Eck (südwestlich von Grünstadt).

1. Würfelförmiger Votivstein ohne Basis und Krönung, 1764 gefunden *(Lehne)*, jedenfalls in diesem Jahr *(T.)* nach M. gebracht. H. noch 48, Br. 58, D. 52. Sandstein. — Auf beiden Nebenseiten finden sich (verstümmelte) Basreliefs: L. Sol, eine jugendliche, reichgelockte Figur, mit der erhobenen Rechten ein Viergespann antreibend; von dem Wagen ist nur ein Rad mit vier dicken Speichen sichtbar. R. Luna, ebenfalls mit erhobenem Arm Thiere antreibend (diese jedoch abgeschlagen); an dem Wagen tritt ein Rad von acht Speichen hervor. Nach dem von Preller, röm. Mythol. 290 citirten Vers der Anthologie ‚Lunae biga datur semper Solique quadriga' ist rechts ein Zweigespann zu ergänzen. Ueber die Bedeutung beider Figuren vgl. Preller a. a. O.: »Sol und Luna zusammen sind gewöhnlich Bilder der Ewigkeit, er aufsteigend, sie niedersteigend, in welcher Weise sie oft neben einander abgebildet wurden.« Aehnlich erscheinen sie auf Inschriften miteinander (Bramb. 151. 1838).

```
I · O · M ·
L · SEPTVMIVS
FLORENTNVS
V · S · L · L · M
```

Jovi optimo maximo Lucius Septumius Florentinus votum solvit laetus lubens merito.

Die Einfacheit der Inschrift, die Buchstabenformen (offenes P), das alterthümliche u statt i in dem Namen Septumius sprechen, wenn auch nicht zwingend, für eine ältere Zeit. — Florentinus ist ein nicht seltener Beiname.

Lamey, Macr. 1. Intelligenzblatt 1823, Nr. 152, S. 690. König 139. Lehne 1 109, 6. Steiner A 183, B 773. Hefner [7] S. 19, 8. Ders. [3] Nr. 3. Bramb. 1786.

Eisenberg (westlich von Grünstadt).

2. Würfelförmiger Votivstein ohne Basis und Krönung, »1764 in den Trümmern eines kleinen Tempels gefunden« *(Lehne)* und in demselben Jahr *(T.)* nach M. gebracht. H. noch 38, Br. noch 45, D. 24; n. und r., wohl auch o. verstümmelt. Röthlicher Sandstein.

```
I · O · M
PATERNI
RATINVS ET · ʌ E
" VS · EX · IVSSV
```

Jovi optimo maximo Paterni(i) [G]ratinus et Te . ens ex iussu.

Auf Z. 2 hat nie mehr gestanden; die Fläche ist glatt. Paterni ist gemeinsamer Geschlechtsname zu den zwei folgenden Beinamen. Der erste derselben heisst wahrscheinlich Gratinus, ein bekanntes cognomen, der zweite ist zweifelhaft. Lehne vermuthete Repens, Becker Crescens, Brambach im index Potens; allein E am Ende von Z. 3 ist unzweifelhaft.

und vor E stand nur Ein Buchstabe, wahrscheinlich T, also Terens (Christ), Tegens, Tenens oder ähnlich. — Auf Z. 4 sind alle Buchstaben unten verstümmelt.

Lamey, Mscr. 1. Intell.-Bl. 1823, Nr. 152, S. 689. König 138. Lehne 1 108, 5. Steiner A 203, B. 772 (vgl. II S. 373). Hefner ² S. 20, 16. Ders. ³ Nr. 8. Br. 1787. J. Becker, B. J. 44 — 45, S. 254. Haug 167.

Birten bei Xanten.

3. Votivstein mit gewöhnlicher Basis und Krönung (letztere verstümmelt), gefunden »1773 in ripa Rheni Birtensi« Speurath, „supra becam (Dorf Beek) ppe Birten in Rheno mense Febr. excurrente" derselbe auf einem andern Blatt *(Bramb.)*, bald darauf nach M. gebracht. H. 54 (Inschriftplatte 31), Br. 28 (24), D. 15 (13). Weicher Kreidestein.

```
    I · O · M
    E · G E N / / L°C I
    / / V \ L · T / I I V / .
    | L · M · V I I A L I N T S
  5 S E C V N D V S
    F · COS · PROSE
    E · SVIS · V · S · L · M
```

Jovi optimo maximo et genio loci [C(aius)?] Val(erius) Tertius (?) et M(arcus) Vitalinius Secundus, beneficiarii consularis, pro se et suis votum solverunt libentes merito.

Z. 1 hat etwas grössere, Z. 7 etwas kleinere Schrift als die übrigen. Z. 3 war V mit A und in dem folgenden Beinamen wahrscheinlich E mit T oder R ligirt; von T und R nämlich sind Spuren vorhanden, so dass die Lesung Tertius, welche sich schon bei Lamey findet, am meisten für sich hat. Der vorangehende Vorname ist zweifelhaft. Uebrigens kommt ein C. Valerius Tertius auch Bramb. 1166 vor. — Genien, d. h. individuelle Schutzgeister, hatten nach römischem Glauben nicht bloss einzelne Personen, Familien, Völker, Collegien, Truppentheile, sondern auch Städte und Länder, Lager und Verkaufsplätze, Strassen und Thore, Bäder, Theater und andere Gebäude. »Vollends in der freien Natur, wo ein heimlicher Platz liebe Erinnerungen weckt, eine schöne oder erhabene Aussicht die Seele beschwingt, eine fruchtbare Trift oder ein wohlbestellter Acker die Vorstellung göttlichen Segens erregt, liebte man es sehr, durch einen einfachen Altar und das Bild einer Schlange an die höhere Ursache und die verborgene Seele des Orts zu erinnern.« (Preller, röm. Mythologie 570 f). Daher kommen Altäre, die dem genius loci geweiht sind, sehr häufig vor. — Z. 6 finden sich schwache Spuren eines mit F ligirten, umgedrehten B. Beneficiarii hiessen diejenigen Soldaten, welche durch besondere Vergünstigung von den niedrigen Dienstleistungen der gemeinen Soldaten befreit und dagegen zu wichtigeren Aufträgen und Ehrendiensten verwendet, besonders »für Administrativzwecke detachirt« wurden (Mommsen). Am häufigsten kommen vor die beneficiarii consularis, d. h. die Gefreiten des Consularlegaten, des Oberkommandanten in den kaiserlichen Provinzen, der eben nur als Legat des Proconsuls, d. h. des Kaisers galt (vgl. zu 7).

Speurath, alte Merkwürdigkeiten, Mscr. S. 47, § 62 (*Bramb.*). Lamey, Mscr. 1. Nach Speurath in de Betouw, bijvoegsel tot de lotgevallen van den geweren burgt te Nymegen betreffende de alonde Capellen aldaar, Nym. 1804 p. 9. (*Br.*) Hüpsch I 37, 76. Steiner A 662, B 1260 = 1636. Osann, Z. f AW. 1842, S. 319. J. Becker, Röm. Inschriften vom Mittelrhein = Nass. Ann. VIII S. 581. Bramb. 205 = 2016. (vgl. Add.) Haug 151.

Düsseldorf.

4. **Steinplatte** ohne Inschrift, bisher als **Pantheon** bezeichnet, ‚Dusseldorpii in arce ducali muro inserta fuit praeter signum Panthei — inscriptio sepulcralis, [= Gräff 82] (Lamey) acta Pal. III 74; wahrscheinlich von anderswoher dorthin gebracht. Seit 1769 *(T.)* in M. — H. noch 107 (unten verstümmelt), Br. 101, D. 8. Hellröthlicher Sandstein. — Brustbild eines Weibes in Relief. Ueber ihrem wellenförmig nach beiden Seiten hinausgekämmten Haar erhebt sich eine Mauerkrone mit drei Thürmen und zwei Thoren, in welcher ein die Flügel ausbreitender Adler sitzt. In der erhobenen Rechten trägt sie einen Aehrenbüschel, in der Linken hält sie einen kleinen Löwen wie ein Schooshündchen an die Brust. Durch eine Leiste getrennt sind unter ihr Becken und gekrümmte Blasinstrumente sichtbar, doch nicht ganz erhalten. — Die Figur soll offenbar zunächst Cybele-Rhea', die »grosse Göttermutter,« darstellen, zu deren Symbolik nicht nur die Mauerkrone, sondern auch der Löwe und vermöge ihrer Gleichsetzung mit Demeter der Aehrenbüschel gehören, und deren Kult mit tobender Musik von Cymbeln und Pauken, Pfeifen und Hörnern verbunden war. Für den Adler aber finde ich in dem Cultus oder der Symbolik der Göttin keine Erklärung; ob in demselben eine Beziehung auf Jupiter steckt, oder ob er hier als das Zeichen der römischen Legion auftritt, vermag ich nicht zu entscheiden. Ein ähnliches Denkmal scheint nicht bekannt und die Echtheit des Steines zweifelhaft.

Kurz beschrieben (von Lamey) in den Acta Pal. III 74. Besprochen Lamey, Macr. 2, it. lit. 1768.

Mainz.

5. **Votivstein.** Basis einer Diana-Statue, mit dieser 1732 bei Erbauung der Philipps-Schanze ausgegraben. Das Bildniss der Diana war von sehr weissem und schönem Alabaster; wohin es kam, ist ungewiss. Der Votivstein aber wurde auf die Citadelle, vor den Garten des Gouverneurs, versetzt und kam 1767 *(T.* 1766) nach Mannheim *(Fuchs)*. Masse des ganzen Steins: c. 75 hoch, 49 br., c. 36 d., der Inschriftplatte: 47 h., 42 br., 30 d. — Gelbgrauer Sandstein.

```
 DEAE · DIANE
 C · LVCILIVS
 MESSOR · MIL
 LEG · XXII · R · F ·
5 CVS · BASIL
 DEXTRO · ET ·
 PRISCO · COS
```

Deae Dian(a)e Caius Lucilius Messor, miles legionis vicesimae secundae primigeniae fidelis, custos basilicae, Dextro et Prisco consulibus. (a. 196 p. Chr.)

Basilicae hiessen grosse Prachtgebäude, die meistens zu Gerichtssitzungen und kaufmännischen Geschäften dienten; sie waren also Börsen und Gerichtshöfe zugleich. Jedoch kommt aus dem Jahr 222 zu Netherby in Britannien eine ‚baselica equestris exercitatoria' vor (CIL. VII n. 965), also eine militärische Reitschule; eine solche könnte auch hier gemeint sein. — Legio XXII primigenia stand am längsten unter allen in Germanien und erscheint daher weitaus am häufigsten auf den rheinischen Inschriften. Primigenia, d. h. erstgeborene, ursprüngliche, hiess sie zum Unterschied von der legio XXII Deiotariana, deren Standort bis Trajan in Aegypten war (b. Alex. 34. Tac. hist. 5, 1). Nach Grotefends Vermuthung (Pauly, Realenc. s. v.) wurde die 22. Legion, wahrscheinlich unter Claudius, in zwei Legionen getheilt, und die eine derselben, welcher der alte Adler blieb, primigenia genannt. Diese scheint schon unter Claudius nach Obergermanien gekommen zu sein. Im Jahr 69 kämpfte sie für Vitellius in Oberitalien (Tac. hist. 1, 18. 55—57. 2, 100. 3, 22), dann wieder am Rhein gegen Civilis (ib. 4. 24. 37). Von c. 104—120 stand sie in Germania inferior, hierauf aber wieder in Obergermanien bis nach der Mitte des 3. Jahrhunderts, mit dem Hauptquartier Mainz. Meistens führt sie die Beinamen ‚pia fidelis'; hier fehlt pia. Diese Ehrenprädicate wurden auch andern Legionen gegeben, welche nicht aufrührerisch gewesen waren (Dio C. 60, 15). Vgl. über die germanischen Legionen überhaupt Klein, Gymnasial-Programm, Mainz 1853, und Bramb. praef., über die 22. Legion insbesondere Wiener, de legione Romanorum vicesima secunda 1830.

Lamey, Macr. 2, it. lit. 1764 und acta Pal. II 138 m. Abb.   Fuchs I 38, n. 23. (lat. 43, 23).   Donat. 469, 4 = 473, 4. Lehne I 239, 69.   Steiner A 414, B 281.   Or.-Henzen 6811.   Bramb. 1134.

Mannheim.

6. Mithras-Relief ohne Inschrift, nach Freher in M. ausgegraben und damals (a. 1613) an dem Brunnen vor dem Rathhaus angebracht; ‚lapis vetus — reconditum pagani sacrificii (taurobolium illi vocabant) memoriam repraesentans' *(Fr. [3])*; später (a. 1744) im Bischofshof zu Ladenburg eingemauert *(Fladt!,* *) ‚nunc muro horrei insertus in curia episcopali' *(Cullmann* a. 1764); vielmehr aber schon 1763 *(T.)* wieder nach M. ius Antiquarium gebracht. H. 85, Br. 79, D. 16—19. Rother Sandstein. — »Das Relief ist sehr flach gehalten, scharf umschnitten, mehr hieroglyphisch als irgend eine Contour lebendig empfunden.« (Stark). In der Mitte sehen wir einen Jüngling, der mit einem Bein auf dem Rücken eines zusammensinkenden Stiers kniet, mit der l. Hand ihn am Horn fasst und mit dem Dolch in der r. eben den Todesstoss führt. Auf der r. Seite steht eine zweite männliche Gestalt auf einem Postament, in der R. einen Stecken erhebend (n. Christ) Säbel erhebend, mit der L. den aufgerichteten Schweif des Stiers haltend. Beide männliche Gestalten haben einen auf der r. Schulter befestigten, nach hinten gebauscht flatternden Mantel, sind aber sonst ganz nackt. Ausserdem steht n. bei einem Altar eine kleine opfernde Gestalt mit Eingussgefäss und hohem Wassernapf. Das hinter der zweiten Figur nach r. hintrottende Thier, ungeschickt gebildet, ist wahrscheinlich ein Eber. Der Rabe oben, wie die zu dem Napf sich erhebende Schlange, endlich der Hund, welcher blutgierig an den Hals des Stiers hinaufschaut, sind wohlbekannte mithräische Symbole. (Nach Stark). — Als ähnliche Darstellungen sind aus Südwestdeutschland zu nennen die von Neuenheim, Osterburken (vgl. über diese beiden Stark, zwei Mithräen, Heidelberg 1865), Fellbach (bei Cannstatt) und Heddernheim. Ausserdem gibt eine Anzahl von Inschriften Zeugniss von der grossen Verbreitung des Mithrascults am Neckar und Rhein. — Die Deutung der symbolischen Figuren ist bekanntlich schwierig.

---

*) Fladt: ‚Man sieht auch jetzo noch ein dergleichen Heidnische Verrichtung oder Taurobolium in Stein ausgehauen, zu Ladenburg in dasigem Bischoffs-Hof eingemauert; ob es die nemliche, so vormals zu Mannheim befindlich, nachmals etwa dahin gebracht worden, oder eine andere, kan ich nicht sagen, doch macht mich ersteres glauben, weilen Freherus weder in seinen Orig. Pal. noch in Lopoduno von dem Ladenburger etwas meldet.“ Stark: ‚Am wahrscheinlichsten haben wir diese Versetzung (von M. nach L.) kurz nach 1613 (Freher [2]), noch in der Zeit der literarischen und sonstigen Blüthe Ladenburgs, vor 1620, geschehen zu denken.“

So viel ist klar, dass der den Stier tödtende Jüngling den Mithras selbst darstellt, den »unbesiegbaren Sonnengott der Arier« (Sol invictus auf vielen Inschriften), der aus dem Kampf mit den Mächten der Finsterniss immer wieder siegreich hervorgeht. Die Bedeutung des Stieropfers aber ist schon zweifelhaft; wahrscheinlich repräsentirt der Stier »die der himmlischen Natur der Sonne entgegengesetzte und widerstrebende irdische Natur mit ihrer fruchttragenden Kraft, aber auch mit ihrem wilden Stürmen und Fluthen, welches von dem Sonnengott erst überwunden werden muss, ehe Ordnung und Erlösung in die Welt kommt« (Preller, röm. Mythol. 760). Die zweite männliche Gestalt, welche unserem Denkmal eigenthümlich zu sein scheint, kann, wie Stark vermuthet, Hercules vorstellen, der ja als Victor, Defensor, Salutaris in der Kaiserzeit vielfach verehrt wurde und so hier ganz passend als Gehilfe bei der Ueberwindung des Stiers auftritt. Die Thiere endlich, welche auch auf andern Mithräen das Stieropfer umgeben, sind schwer verständlich; man kann dieselben in nähere Beziehung zu Mithras setzen, dann hätten sie astrale Bedeutung (so im ganzen Stark), oder zu dem Stier, dann könnten sie »die verschiedenen Arten und Geschlechter der irdischen Natur ausdrücken, welche wie diese vergänglich, sündhaft und der Erlösung bedürftig sind« (so Preller 761).

Freher, orig. Pal. ³ 1 c. 4 u. II c. 19. Fladt, Probe und Muster pfälzischer Alterthümer (Heilbronn 1744) S. 10 f. Cullmann p. 98 ff. Tab. II 1. Lamey, acta Pal. I 204. Tab. II 3, Andreae, Lupodunum Palatin. 1772) p. 11 (Christi). Creuzer, Symb. u. Mythol. ³ I 202 ff. Taf. IV 11. Müller, Nass. Ann. II 1, S. 11 f. Taf. I 3. Wagener N. 701 zu S. 385. 441 f (die drei letzteren nach Lamey — Stark). Lajard, Introduction à l'étude du culte public et des mystères de Mithra (Paris 1847), Pl. 84,1 (Stark). Fickler — Christ 20, a. Stark, B. J. 44—45, S. 11 — 13 (Beschreibung). Ders. ebd. 40, S. 23 f. Tab. IV 1 (Christi); vgl. auch Stark, zwei Mithräen S. 28.

Ickstätten bei Bergen, Landgericht Neuburg a. d. Donau.

7. Bruchstück einer Meilensäule, 1631 im Ickstätter Holz von dem Förster Andreas Schuster gefunden, dann nach Neuburg in das Jesuitencollegium gebracht (Schwaiger), später in der Grotte unter dem Residenzschloss zu Neuburg aufgestellt (v. Reisach), 1769 (Grassegger) oder 1770 (T.) nach Mannheim gebracht. — Höhe noch c. 80, Durchmesser 44. Kalkstein.

```
     imp. C AESAR ·
 l. septim. s I' VERVS · PIVS ·
 pertinax . AVG · ARAB ·
     adiab. pa RTHICVS · MAXMVS
5    pontif. m AX · TRIB · POT · VIIII ·
 imp. XII . cos · II · P · P · PROCOS · ET ·
 imp. caesar. MARCVS AVREL
 antoninus. PIVS · AVG · TRIB ·
 pot. IIII . pro COS · ET | | | | | | | |
10 | | | | | | | | . | | | | | | | | |  | | | | | | |
     vias . et . pontes . REST
     ab. aug. (m. p. X X X X
         a l g) m. p. LVI
```

Imperator Caesar Lucius Septimius Severus Pius Pertinax Augustus, Arabicus Adiabenicus Parthicus maximus, pontifex maximus, tribuniciae potestatis nono (anno), imperator duodecimum, consul iterum, pater patriae, proconsul, et Imperator Caesar Marcus Aurelius Antoninus Pius Augustus, tribuniciae potestatis quarto (anno), proconsul, et Publius Septimius Geta (Antoninus? nobilissimus?) Caesar vias et pontes restituerunt. Ab Augusta milia passuum quadraginta, a legione milia suum quinquaginta sex (p. Ch; n. 201).

Der in Cursivschrift gedruckte, jetzt nicht mehr lesbare Theil der Inschrift ist von Reisach und Wiltheim überliefert, das auf Z. 12 f. in Klammern Eingeschlossene nur von

Letzterem; die Erklärung der letzten Z. stammt von Mommsen. Die jetzt nur noch unvollständig erhaltenen Buchstaben sind von mir nach dem Stein wiedergegeben, ebenso die Punkte am Schluss der Zeilen, welche Mommsen weglässt. — Imperator Caesar wird seit Vespasian dem Namen des Kaisers regelmässig vorangestellt. Den Beinamen Pius führte zuerst Antoninus, dann Commodus u. a.; Pertinax nannte sich zuerst P. Helvins (193), dann Septimius Severus. Die Ehrentitel Arabicus, Adiabenicus, Parthicus beziehen sich auf die in den Jahren 199 ff. von Septimius Severus im Orient errungenen Erfolge, die jedoch zweifelhafter Natur waren. Adiabene hiess ein kleines Fürstenthum in der Gegend von Ninive und Arbela. Maximus wurde als steigerndes Prädicat zuerst von Marc Aurel dem Beinamen Parthicus hinzugefügt. Nach Beendigung jener Kämpfe im Orient kehrte der Kaiser durch die Donauprovinzen nach Rom zurück, und in diese Zeit fällt die auf unserer Inschrift erwähnte Wiederherstellung der Strassen und Brücken in Rätien. — Pontifex max. war seit August eine lebenslängliche Würde des Herrschers. Die tribunicia potestas hatten die Kaiser ebenfalls lebenslänglich, aber sie wurde jährlich erneuert, so dass die dabei stehende Zahl den Regierungsjahren entspricht. — Das Consulat liessen sich die Kaiser je für einzelne Jahre ertheilen, manche weniger oft, andere häufiger. Die proconsularische Würde hatte schon August in dem Sinn einer Vollgewalt über die Provincialverwaltung; als Titel aber kommt proconsul erst von Hadrian an vor. Imperator mit einer Zahl dem Namen nachgesetzt ist ein Ehrentitel für erfochtene Siege. — Pater patriae erscheint nicht so regelmässig und ständig wie andere kaiserliche Titel, da dieses Prädicat anfänglich nicht gleich beim Regierungsantritt vom Senat ertheilt oder von den Kaisern angenommen wurde. — Caesar ist seit Hadrian Bezeichnung der Thronfolger; damit verband sich später das Prädicat nobilissimus, welches zuerst eben Geta führte. — M. Aur. Antoninus, genannt Caracalla, wurde 198 n. Chr. von seinem Vater Sept. Severus zum Mitregenten ernannt und erhielt damit auch die Titel Imp. Caes. Aug., wie die tribunicische und proconsularische Gewalt. — Sein Bruder Geta wurde bekanntlich von ihm a. 212 ermordet, und dessen Name musste dann auf allen öffentlichen Denkmälern getilgt werden. So geschah es auch auf unserm Meilenstein. — Nach Z. 12 f. stand derselbe 40 Meilen von Augusta Vindelicorum (Augsburg) und 56 Meilen »von der Legion,« d. h. von Castra Regina oder Regium (Regensburg), dem Hauptquartier der seit Marc Aurel in Rätien liegenden legio III Italica, und zwar an der durch die Peutinger Tafel bekannten, vielbesprochenen Strasse von Regensburg nach Rottenburg (Sumalocenna), da wo von derselben die Strasse nach Augsburg in südlicher Richtung sich abzweigte.

<small>Anonymer Chronist (aus den Papieren des Peter Jakob Schwaiger) bei v. Reisach, Pfalz-Neuburger Prov.-Blätter 2, 395 (daher Prugger, Abh. der Münch. Akad. V, 43 f.). Wiltheim, Mscr. in Luxemburg. Ders. Luciliburg. p. 210 (bis hieher nach Mommsen). Grassegger im Neub. Wochenblatt 1822, S. 107 u. 180. Kaiser II Abth. S. 94 u. Forts. S. 4. Stälin 220. Oмann, Z. f. AW, 1812, S. 320. Hefner [2] S. 11, 4. Ders. [3] n. 146. Steiner B 2350. Mommsen CIL III 5990.</small>

Remagen (Rigomagus).

8. Meilensäule, 1769 bei der Wiederherstellung der Rheinstrasse wenige Schritte unterhalb R. gefunden und noch in demselben Jahr (T.) nach Mannheim gebracht (Lamey). Der Fundort ist durch eine Pyramide mit einer von A. Lamey verfassten lateinischen Inschrift bezeichnet. — Höhe c. 125, Durchmesser 41. Kalkstein.

```
IMP·CAES
M·AVREL·ANTO
NINO·AVG·PON
MAX·TR·POT·XVI
5 COS·III·ET
IMP·CAES
L·AVREL·VERO·AVG
TR·POT·II·COS·II
A·COL·AGRIPP
10      M·P·XXX
```

Imperatori Caesari Marco Aurelio Antonino Augusto, pontifici maximo, tribuniciae potestatis sexto decimo (anno), consuli tertium, et Imperatori Caesari Lucio Aurelio Vero Augusto, trib. pot. secundo (anno), consuli iterum. A colonia Agrippinensi milia passuum triginta (a. p. Chr. 162).

In dem zweiten N auf Z. 3. steht ein kleines I, ohne Zweifel durch ein Versehen des Steinhauers. — M. Aurelius Antoninus, genannt Philosophus, und L. Aurelius Verus waren schon auf Verlangen Hadrians von T. Aur. Antoninus Pius adoptirt worden. Der Erstere wurde a. 146 Mitregent und Inhaber der tribunicischen Gewalt, der Letztere nach dem Tode des Adoptivvaters a. 161. — Die Meilensäule stand an der grossen Strasse, die sich längs des linken Rheinufers hinzog. Die Entfernungen wurden in Untergermanien von der Hauptstadt colonia Agrippinensis (Köln) abwärts und aufwärts gerechnet. — Dass die Kaisernamen im Dativ stehen (Nr. 7 im Nominativ), erklärt sich daraus, dass die Säule auf Kosten nicht des kaiserlichen Fiscus, sondern der rheinischen Städte aufgerichtet wurde. Dasselbe beobachten wir bei allen rheinischen Meilensäulen, soweit deren Lesung ganz sicher ist.

Lamey, acta Pal. IV 39 — 45. Gercken, Reisen durch Schwaben, Baiern, d. angr. Schweiz, Franken u. die rhein. Provinzen (1783) III 348. Nach ihm Or. 876. Steiner A 761, B 987, vgl. III S. 445. Zell, delectus n. 1373. Klein, Rhein. Museum XV 492, 6. (Brambach) Commentarius de columnis miliariis ad Rhenum repertis (1865) Nr. VII. Ders. CIR 1931. Wilmanns 833.

Impflingen (südlich von Landau).

9. Votivstein mit einem Bilde Mercurs in Hoch-Relief, von dem jedoch nur die Füsse erhalten sind. Zwischen denselben die Schildkröte, rechts der Bock. — Fundzeit nicht bekannt. Nach M. gebracht 1767. *(T.)* — H. noch l. 63, r. 105, Br. 67, D. 25. Grauer Sandstein. Unter dem Bilde die Inschrift:

```
DEO·MERCVRIO·CA
BO·IVSTI·V·S·L·M
```

Deo Mercurio Cambo Justi (filius) votum solvit laetus lubens merito.

Cambo ist nicht Beiname Mercurs im Dativ (es wurde von einem gallischen Worte camb = Handel abgeleitet), sondern Name des Stifters im Nominativ. Daneben steht zu genauerer Bezeichnung der Name des Vaters im Genetiv. Diese uralte Art Personen zu bezeichnen ist bei Galliern und andern »Barbaren« die gewöhnliche, vgl. das Namenregister.

Lamey, acta Pal. II 12. Tab. II 3. Donat. 468, 11 (unrichtig) und 473, 2. Lehne I 256, 79. Steiner A 181, B 771, vgl. II S. 372. de Wal, myth. sept. 70. Osann, Hall. Lit.-Z. 1848, S. 1100. K. Fr. Hermann, Gött. gel. Anz. 1848, S. 602. Becker, B. J. 15, 99. Hefner [2] S. 23, Nr. 53; ders. [3] n. 60. Orelli-Henzen 5690. Bramb. 1813. Haug 169.

Obrigheim (am Neckar, westlich von Mosbach).

10. Votivtafel, schon 1533 bekannt *(Beyell)*, 1764 *(T.)* aus dem Hause des Bauers Hinniger *(Christ)* nach M. gebracht. Der Besitzer hat auch andere römische Alterthümer ebendaselbst ausgegraben, deren Reste in dem anstossenden Garten sich befinden, an dem rechten Ufer des Bachs, nahe dem Weg, der von da gegen die Kirche hinführt *(Christ)*. — Links von der Inschrift ist noch Mercur zu erkennen, wenn auch stark verwittert; er ist nackt, hat Flügel an Kopf und Sohlen und trägt links den Schlangenstab, rechts den Beutel. Die Gestalt rechts von der Inschrift wurde bisher allgemein für einen Mann gehalten, meist für einen Kaufmann. Es ist aber offenbar eine weibliche Figur mit langem Gewand (so jetzt auch Christ); in der rechten Hand hält sie einen Beutel, auf dem linken Arm trägt sie einen nicht näher bestimmbaren Gegenstand. Genauere Charakterisirung ist wegen der starken Verwitterung (oder absichtlichen Verstümmelung?) nicht möglich; wegen der Zusammenstellung mit Mercur ist Maia oder Rosmerta zu vermuthen, denn beide kommen auf rheinischen Inschriften als Genossinnen Mercurs mehrfach vor. Maia ist dabei in ihrer italischen Bedeutung als Göttin des Wachsthums, des Frühlings, besonders des Monats Mai aufzufassen; über Rosmerta vgl. zu Nr. 15. Uebrigens betrachtet Robert (Épigraphie Gallo-Romaine de la Moselle, Paris 1873) beide Göttinnen als ursprünglich identisch. — H. noch 53, Br. 106, D. 12. Grauer Sandstein.

```
  I N H · D · D ·
  M E R C V R I O
  A E D · S I G N · A G R
  » I I I I · L · B E L L O N V S
5 | M A R C V S · A · M E R C
  I V S S V S · F E C I T E T · N S A
  ⁻ R A V I T
```

In honorem domus divinae. Mercurio aedem, signum, agrum iugerum (?) quatuor Lucius Bellonius Marcus a Mercurio iussus fecit et consacravit.

Die Inschrift wurde früher gelesen: in h. d. d. Merc. aed(em) sign(um) ac r(eliqua) c(enturio) quartae l(egionis) Bellonius Marcus Amer(inus) iussus f(aciendum) c(uravit) L(ucio) Fl(avio) Cons(tantio) Caesare consule iterum). Den richtigen Weg haben gezeigt Steiner (agrum iugerum quatuor), Grotefend (a Mercurio iussus) und Christ (fecit et consacravit). Hienach enthält unsere Inschrift die Dedication eines Tempels und einer Bildsäule des Mercur nebst dazu gehörigem Ackerland. Ob freilich das betreffende Zeichen iugerum bedeutet, ist zweifelhaft; Christ schlug vor: unciarum ($= \frac{1}{12}$ iugerum), Bramb. ‚agri passus quatuor' (was jedoch sehr wenig wäre). Noch besser vielleicht fasst man das Zeichen als einen sicilicus = 600 Quadratfuss oder $\frac{1}{48}$ iugerum (so jetzt Christ). — In honorem domus divinae, ‚zu Ehren des Kaiserhauses,' ist eine seit etwa 170 n. Chr. häufig vorkommende Formel. — Der Stifter, L. Bellonius Marcus (letzteres hier wie öfters als Beiname), glaubte sich durch eine Vision, einen Traum oder etwas Aehnliches aufgefordert; daher: a Mercurio iussus. Vgl. die häufigen Formeln ex iussu, ex imperio. — Z. 7 ist u. etwas verstümmelt.

Beyell bei Barth I.II p. 2429. Apian p. 464 m. Abb.; daher Grut. 52, 1. Montfaucon, suppl. I 99 (ex Boissardi schedis) m. Abb. Schneider, Erbachische Hist. (1736) 273 (aus Apian). Lamey, acta Pal. I 205 — 212 mit Tafel. Donat. 469, 15. Hansselmann, Beweis 224. 243. (Br.). Dielhelm ² I 135. Kolb, statistisch-topogr. Lex. von Baden (1816) III 22. Kopp, Palaeogr. (1817) I 100 mit Lameys Abb. *(Christ).* Jäger, Neckargegenden (1823) 161 und Grimm, Neckarthal 64 *(Br.)*. Creuzer, altr. Cultur 48. Steiner A 127, B 914.

Grotefend, Z. f. AW. 1838, S. 124. Stälin 151. Wagener 314. 482. (Chr.) Rapp. 59. Zell, übers. Darst. 51. Ring I 265. Fickler-Christ 26. Becker, Nass. Ann. VIII 583. Bramb. 1724. (cf. Add.) Christ, monumenta p. 14. Haug 163.

Godramstein (bei Landau).

11. **Statue des Mercur** in Hautrelief ohne Inschrift. Mit fünf Altären 1767 in der alten Pfarrkirche entdeckt und nach M. gebracht *(Lamey; T.* unleserlich). H. c. 160, Br. 67, D. 24. Rötblicher Sandstein. — Beine, Kopf und rechter Arm sind fast ganz weggeschlagen, das Uebrige beschädigt. Am Kopf sind Flügel noch sichtbar; die Chlamys fällt über die l. Schulter und den Arm herab; sonst ist der Gott nackt. Er erscheint hier „mit allen seinen Attributen, die man sonst selten so beisammen findet" (Lehne): in der hoch erhobenen rechten Hand trägt er den Beutel, auf der l. einen kleinen Knaben, den ihm den Schlangenstab zu halten scheint; zu seinen Füssen steht l. der Bock nebst der Schildkröte, r. auf einem Postament der Hahn. Der volle Beutel charakterisirt ihn als den Reichthum spendenden Gott der Kaufleute, der mit Schlangen umwundene Heroldsstab als den διάκτορος und Boten der Götter, der Bock (sonst auch der Widder) als den Gott der Herden und ihrer Fruchtbarkeit, die Schildkröte als den Erfinder der Leier, der kampflustige Hahn als den Vorsteher der gymnastischen Spiele, das Knäbchen auf dem Arm (wahrscheinlich den jungen Bacchus vorstellend) als den Ernährer der Kinder (κουροτρόφος). Aehnliche Darstellungen bei Mezger, d. Röm. Steindenkmäler etc. zu Augsburg S. 20 f., sodann in B. J. 7, 161 (Trier) und bei Wiltheim, Lucilib. p. 186, fig. 159 *(Christ).*
Lamey, acta Pal. II 11. Tab. II 2. Lehne I 262, 82. Hefner ² S. 40, Nr. 12. Ders. ³ S. 304. Nr. 29.

Hörd (zwischen Rheinzabern und Germersheim)?

12. **Mercursbild** in Basrelief, nach *Lehne* von Hörd stammend (?). Schicksale unbekannt. H. c. 90, Br. 43—45, D. c. 17. Sandstein, ins Violette spielend. — Die Gestalt ist bis unters Knie bekleidet, in der r. Hand trägt sie den Beutel, in der l. den Schlangenstab; am Boden zwischen den Füssen kriecht die Schildkröte. Die Attribute sind also griechisch-römisch, die Kleidung aber keltisch. Wir haben sonach in dieser Darstellung die bekannte Combination des römischen und des keltischen Götterdienstes. Der einheimische Name des Mercur war Teutat, der Hauptsitz seiner Verehrung das Land der Arverner. Vgl. ähnliche Darstellungen bei Schöpflin, Als. ill. I tab. III ad p. 437, und bei Lehne I 258, 80. Taf. IV 9.
Erwähnt bei Lehne I 255, 77.

Rohrbach (südlich von Heidelberg).

13. **Votivstein** mit einfacher Basis und Krönung, wahrscheinlich Postament einer Mercurstatue, zwischen Rohrbach und Kirchheim auf den sogenannten Steinäckern *(Christ* — „e ruderibus veteris arcis' *Freher),* von einem Landmann beim Pflügen gefunden und von demselben als Stuhl oder Bank benützt *(Kayser),* später von Freher gekauft und in sein Haus gebracht, aber schon a. 1613 im Schlosshof zu Heidelberg unter einem zu Neuenheim gefundenen Mercursbild *) eingemauert *(Freher *),* 1763 *(T.)* nach M. gebracht. H. 60, Br. 73, D. 30 (Inschriftplatte: H. 29, Br. 64. D. 26). Rother Sandstein.

---
*) Dieser Mercur wird auch von Heger, thesaurus Palatinus (1685) p. 15 abgebildet *(Christ).* Wohin derselbe gekommen ist, kann ich nicht angeben.

MERCVRO
TIMONIA!   Mercurio Timonia Vittuo.
VITTVO

Rappenegger, Gräff und Christ lasen VLETVO, was v(ovit) l(ibens) et vo(luntaria) oder v(ovit) l(a)et(a) vo(luntaria) erklärt wurde. Ich finde mit Freher, Gruter, Lamey, Fickler und jetzt auch Christ: Vittuo, was ich früher als Dat. statt des Gen. Vittui fasste (Timonia, des Vittuus Gattin), aber jetzt nach Christ als weiblichen Beinamen zu Timonia erkläre. Namen auf o kommen im Keltischen bei beiden Geschlechtern vor (Becker in Kuhns Sprachvgl. Beiträgen III 189 ff.).

Freher, orig. Pal. I c. 4, u. 7. Grut. 53, 5. Beger, thes. Palat. (1685) p. 15 *(Christ).* Cuper, Harpocrates (1687) p. 187 *(Lam.).* Kaysor 32. Mur. ,ex Laur. Begero' 51, 1. Pococke I 79. Cullmann, spicil. 104, tab. II 3. Lamey, Macr. 1. Metzger, Beschreibg. des Heid. Schlosses (1829) S. 63 *(Christ).* Stälin 158. Wagener 300 *(Chr.).* Rapp. 51. Zell, übers. Darst. 65. Steiner II 927 (vgl. III S. 409). Fickler-Christ 6. Bramb. 1702. Haug 162.

Heiligenberg bei Heidelberg (Markung Handschuchsheim).

14. Votivstein, Basis einer Mercurstatue, l. und o. verstümmelt; war noch a. 1534 in die westliche Wand einer Kirche *(Apian)*, der Kapelle zum hl. Stephan *(Freher)* *) eingemauert, wurde aber bald darauf nach Handschuchsheim auf das dortige Rathhaus gebracht *(Freher)*, von da 1704 (Handsch. Akten) **) nach M. — H. noch 61, Br. noch 61, D. 26. Rother Sandstein.

MERCVRIO
BASEM·CVM   Mercurio [.....] basem cum [signo] Lucius Candi-
L·CANDIDIV   diu[s Mer]cator decurio civitatis [Severianae ? Nemetum]
CATOR·D/(votum solvit laetus lubens merito.
5 V·S·L·L·)

Z. 1 ist o. etwas verstümmelt. Am Ende, nach Mercurio, stand wohl noch ein Beiname des Gottes. — Ein Candidius findet sich auch Nr. 19, ebenso Bramb. 1706, also bei Heidelberg dreimal. Hienach muss dieses Geschlecht in der Gegend ein angesehenes gewesen sein. Mercator kommt auch sonst als Beiname vor, z. B. auf der Heidelberger Inschrift Br. 1710, ist also nicht als Bezeichnung des Berufs zu fassen. — Da die Gegend von Heidelberg zu der civitas Nemetum gehörte, so ist nach DC = decurio civitatis zu ergänzen S. N. (so Christ, Archäol. Z. 1869, S. 72) oder NEM. Vgl. Nr. 19.

Apian p. 465. Heroldus, de stationibus legionum in vet. Germ. c. 12 (interpolirt; auch bei Freher, orig. Pal., u. bei Reinhard, rerum Palat. scriptores I 483 abgedruckt *Christ).* Leodius, de Heidelb. antiq.

*) Nach *Christ* hat schon Freher die Stephans- und die Michaels-Kapelle verwechselt, und die näher bei Heidelberg gelegenen Trümmer, wiewohl jetzt „Michelskirche" benannt, gehörten nach dem codex Lauresbamensis zu der cella St. Stephani, dagegen die oberen Ruinen, gegen Handschuchsheim hin, jetzt „Heilige Kirche" genannt, zu der Michaelskapelle, von wo dann also auch unsere Inschrift stammt.

**) Eine *Tafel* hat Nr. 14, wie auch Nr. 19, nicht (hienach ist S. 3 zu berichtigen); vgl. übrigens die Anm. zu 15.

(auch bei Freher als Anhang zu lib. I, u. bei Reinhard I 430 ff. *Christ*). Freher I c. 4 (auch bei Reinhard I 74 — *Christ*). Grut. 52, 2. Reinesius, syntagma inscriptionum antiquarum (1682), app. 1008, 3. Kayser 172. Cullmann p. 103. Handschuchsheimer Akten d. 19. Sept 1764 (*Christ*, vgl. Becker, Nass. Ann. VIII 583), Lamey, Mccr. I und acta Pal. I 201. Tab. II 1. Donat. 469, 14. Dielhelm ² I 179. Aloys Schreiber, Heidelberg 7 (*Christ*). Creuzer, altr. Cult. 46. 97. Steiner A 130, B 918. Mühling, Denkwürdigkeiten v. Handsch. (1840) S. 11. Stälin 162. Wagener 306 (*Christ*). Happ. 43. Zell, übers. Darst. 30. de Wal, myth. sept. p. 207 (zu n. 280). Ring I 268. Fickler-Christ 7, c. Bramb. 1703.

Reinsport (an der Mosel, zwischen Trier und Bernkastel).

15. Votivstein mit Inschrift, von o. bis u. in zwei Stücke zerbrochen. »Obige Inscription ist auf dem Stein unseres Hofhauss von Reinsporth« Anonymus bei Lamey. Gräff hat fälschlich angegeben: »aus Heidelberg 1763,« weil der Stein auf Nr. 14, und dieser auf Nr. 13 steht. *) Schon Christ vermuthete übrigens, dass derselbe vom linken Rheinufer stamme. — H. 52, Br. 56, D. c. 18. Gelber Sandstein.

```
  IN · H · D · D · DEO
  MERCVRIO ET · Ro
  SMEnTE DOCCI
  APROSSVS ET · AC
5 CEP////S li͞ml͞VI
  RI A/; GVSTAL
  V · ° · L · M ·
```

In honorem domus divinae. Deo Mercurio et Rosmert(a)e Docci(i) Aprossus et Acceptus, seviri Augustales, votum solverunt lubentes merito.

Nach dem ersten und zweiten D Z. 1 und nach T Z. 2 sind die Punkte zweifelhaft. Z. 4 wurde bisher Aprissus gelesen; aber in dem Bruch finden sich Spuren eines O; vgl. auch Abrosus Br. 1336 und Aprosus Br. 1793 (Altripp). Z. 7 stand nur Ein L. — Die keltische oder germanisch-belgische Göttin Rosmerta kommt am häufigsten im Gebiet der Treverer vor, woher also auch unsere Inschrift stammt. Immer erscheint sie als Begleiterin Mercurs, sowie auch sonst einheimische Göttinnen als das ergänzende weibliche Princip männlichen römischen Göttern zur Seite treten, Nehalennnia dem Neptun, Sirona dem Apollo. Der Name Rosmerta ist dunkel, auch die Bedeutung der Göttin nicht sichergestellt; doch bleibt wahrscheinlich, dass sie als Vorsteherin des Marktverkehrs und der Viehzucht, vielleicht besonders der Pferdezucht und des Pferdehandels anzusehen ist. So Chassot von Florencourt; vgl. auch Freudenberg, B. J. 19, 92 f., und Becker ebd. 20, 109 ff., 29, 172 ff. Neustens hat Robert (vgl. zu 10) nachzuweisen gesucht, dass Rosmerta und Maia ursprünglich identisch sind und nichts anderes als eine Erdgöttin bedeuten. — Docci = die beiden Doccier, vgl. Paterni Nr. 2 und den index. — Die Augustales in den Municipien sind Nachbildungen des Priestercollegiums der sodales Augustales in Rom, welches dem Cult der gens Julia gewidmet war (Tac. Ann. 1, 54). Dieselben bildeten eine Art von Mittelstand zwischen decuriones und plebs, ähnlich den Rittern in Rom, waren aber nicht überall gleichartig organisirt. Ihre jährlich wechselnden Vorsteher hiessen nach ihrer Zahl

---

*) Auf Nr. 13 hat das Metallplättchen „bases Mercurii ex Heidelberga 1763". Dies ist wohl nur Schreibfehler für basis, könnte jedoch auch den Pluralis bedeuten und sich zugleich auf Nr. 14 beziehen, wiewohl diese Nr. 14 erst 1764 nach M. kam.

seviri; da nun aber in den Rheinlanden wie in Gallia Narbonensis und Lugdunensis nur seviri Augustales vorkommen, so scheint es, dass dort die Collegien nur noch aus den seviri, d. h. den jeweiligen und den früheren Vorstehern bestanden. Vgl. Rein, s. v. sodalitas in Paulys Realencyclop., und Marquardt, Römische Staatsverwaltung I (1873) S. 512 ff.

<small>Anonymus bei Lamey, Mscr. 2. Lamey, Mscr. 1. Nach Gräff 15 Stälin 160. Chassot v. Florencourt, Beiträge zur Kunde alter Götterverehrung im belg. Gallien u. in den rhein. Grenzlanden (1842) S. 29. m. Abb. Fig. 3. Lersch, B. J. 2, 119. Osann, Z. f. AW. 1844, S. 246. Rapp. 46. Zell, übers. Darst. 32. de Wal, myth. sept. 240. Ring I 266. Steiner B 921 (vgl. II S. 373). Fickler-Christ 7, b. Bramb. 1711. Willmanns 2260. Robert, épigraphie Gallo-Romaine de la Moselle (1873) p. 68 f. Haug 162.</small>

Wolfstein an der Lauter (Rheinpfalz).

16. Würfelförmiger Grabstein, eingemauert an eines Müllers Haus *(Lamey),* *) 1765 *(T.)* nach Mannheim gebracht, r. verstümmelt, so dass etwa ½ fehlt. H. 55, Br. noch 44, D. 56. Röthlicher Sandstein. — Vorn zwei Brustbilder, jedoch vom einen das Gesicht zerstört, das andere überhaupt nur halb erhalten; darüber eine Krönung mit Halbmond und Rundpolster. Auf der l. Nebenseite ein Seepferd mit langem, gewundenem Fischleib. (Bei der gegenwärtigen Aufstellung ist diese Nebenseite nach vorn gekehrt).

<small>Erwähnt (mit Nr. 55) von Lamey Mscr. 2 (lt. liter. 1764, Nr. 35).</small>

Bingen (Bingium).

17. Altar mit Basis und hoher Krönung, 1775 beim Graben eines Weinbergs gefunden und zwei Jahre nachher nach M. gebracht *(Lamey).* — H. 86 (Inschriftplatte 47), Br. noch 50, D. noch 30 (die hervorragenden Theile o. und u. sind abgeschlagen). Gelblich grauer Sandstein. — Oben ist eine schüsselartige Vertiefung zur Aufnahme der Spenden. Auf den beiden Nebenseiten sind Reliefbilder in ziemlich hübscher Arbeit angebracht: r. Victoria in der bekannten Stellung, den l. Fuss auf eine Kugel gesetzt, mit der r. Hand auf einen Schild schreibend; l. Mars mit Schild und Lanze (stark beschädigt). Auf der hinteren Seite ist der Stein ausgehöhlt, nach Lehne und Christ, weil er späterhin als Aschenurne gebraucht wurde; vielleicht aber auch, weil er als Wassertrog oder zu einem ähnlichen Zwecke diente. Der Anfang der Inschrift, welcher ohne Zweifel die Gottheit enthielt, der der Altar geweiht war (I · O · M oder „Marti et Victoriae'?), muss auf dem abgeschlagenen Gesimse gestanden haben. (An Identität mit Bramb. 867 kann nicht gedacht werden).

```
. . . . . . . . . . . . .
PRIMIA · ACCEPT
T · PRVAT · SECVND,
NVS · T / TERTNVS
5 | T · CON////NIS · FRA
TRES · EXVOTO · PP,
VAT · TLI,///XI · SVI,
RA · SCRI //, V · S · L · M
```

...... Primia Accepta et Privati(i) Secundinus et Tertinus et Con .. nis fratres ex voto Privati(i) Tertini supra scripti votum solverunt laeti lubentes merito.

<small>*) „In Wolfstein — eine sehr dunkle Inschrift (= Nr. 55) —, dann ein mit Figuren gezierter Stein, welcher, da er viereckigt und eingemauert ist, vielleicht auf einer jetzo verborgenen Seite auch mit Schriften versehen ist. Sie stehen beide nahe beisammen an eines Müllers Hause" (Lamey, Mscr. 2).</small>

Sämmtliche A sind ohne Mittelstrich. Den Namen Z. 4 kann ich nicht errathen; die angegebenen Buchstaben ON sind zwar etwas verwischt, aber doch sicher; wenn der dritte Buchstabe M wäre, könnte an Communis gedacht werden; Lehne las Constans. Der Punkt Z. 5 nach TO ist zweifelhaft. — Privatius Tertinus hat ein Gelübde gethan; zur Lösung desselbon hat die Mutter mit ihm und seinen zwei Brüdern den Altar errichtet. Die Seitenbilder scheinen, wie Lamey bemerkt, anzudeuten, dass es sich dabei um eine glückliche Kriegsthat handelt, wiewohl die Inschrift keine Spur einer militärischen Stellung der Dedicanten aufweist.

Lamey, acta Pal. VI 45 m. Abb. Lehne I 270, 88. Steiner A 322, D 616. Bramb. 868. Haug 154.

Godramstein (vgl. 11).

18. Altar, mit dem Mercursbild Nr. 11 und vier andern Altären auf dem , iter literarium' der Pfälzer Academie 1767 in der alten Pfarrkirche entdeckt und noch in demselben Jahr (T.) nach M. gebracht. — H. 104, Br. noch 46 (Gesimse abgeschlagen), D. 36. Hellrother Sandstein.

```
  IM·D·D·DEO
  TRANVCNO
  TRAVINI
  QVIBVS·EX
5 COLLATA
  STIPE·////
  IVLIV/////
  C·COP//////
  ı  ı/S·S//////
```

In honorem domus divinae deo Taranueno Travini, quibus ex collata stipe |Sex(tus)?] Juliu[s et?] C(aius) Cor[nel]ius S..(?) [faciendum curaverunt?].

Z. 3 am Ende vermuthet Christ einen Punkt. Nach ihm habe ich auch die Punkte Z. 6. 8. 9 aufgenommen, sowie den Anfang von Z. 9, wo ich als zweiten Buchstaben L zu finden glaubte. — Der Gott Taranucnus kommt auch in Böckingen bei Heilbronn vor (Br. 1589) und ist identisch mit dem dalmatischen Taranucus (Or. 2056), dem britischen Tanarus (CIL VII 168) und dem deutschen Donar, nordisch Thör, von den Römern mit Juppiter zusammengestellt. — Z. 3 f. wurde bisher verschieden gelesen, da die Schriftzüge etwas verwittert sind; Lamey: CR // VINI OVIBVS, Lehne: C · R // VINI Q · VIBVS, Becker: TIB · AVINI QVIEVS; doch zweifle ich nach wiederholter genauer Untersuchung nicht an der Richtigkeit der oben gegebenen Lesung, welcher auch Christ beistimmt. Ob die Travini die Bewohner des Orts oder eine Familie bezeichnen, muss dahingestellt bleiben. Diesen hat »aus gesammelten Beiträgen« ein Sextus (?) Julius und wohl auch ein Caius Cornelius (?) den Altar errichtet.

Lamey, acta Pal. II 11. Tab. II 1. Or. 2057. Lehne I 141, 21. Steiner A 192, B 768. de Wal, myth. sept. 262. Hefner ² 8. 26, Nr. 80. Ders. ³ 112. Becker, Nass. Ann. VIII 582. Bramb. 1812. (cf. Add.) Haug 168.

Heiligenberg bei Heidelberg. *)

19. Votivtafel zu einem Tempel und einer Bildsäule des Visucius, »ohnlängst

---

*) Lehne unrichtig: „Sein Inhalt zeigt deutlich, dass er dem linken Rheinufer angehört, und Godramstein wird als der Ort seiner Entdeckung genannt." (wo?).

auf dem Heiligenberg in der St. Stephanus-Kirche gefunden und nach Handschuhsheim gebracht, allwo er so lang zu einem Sitz hinter dem Ofen dient, bis er dem gegebenen Versprechen nach in die dasige Rathhausmauer — wird eingemauert werden« *(Kayser* 1733); nachher in das reformirte Pfarrhaus daselbst gebracht, von dort 1764 mit Nr. 14 nach M. (Handsch. Akten). — H. 41, Br. noch 43 (l. etwas verstümmelt), D. 6. Gelblicher Sandstein.

```
  VISVCIO·
  ADM·EMSIG·N
  C·CANDIDIVS
  CAPVRNNV
5 D·C·C·S·N·EMC
  C·NM·FEC
```

Visucio aedem cum signo C(aius) Candidius Calpurnianus, d(e)c(urio?) c(ivitatis) S(everianae?) N(emetum), ite(m) med(i)c(us?) c(ivitatis) Nemet(um) fec(it).

Der Gott **Visucius** kommt auch in Hockenheim (gegenüber von Speier) Br. 1696 und in Köngen, O. A. Esslingen, Br. 1581 vor, aber in diesen beiden Fällen als Beiname zu Mercurius, auf der letztgenannten Inschrift neben einer Göttin Visucia (deo Mercurio Visucio et sa(n)cte Visucie). Hienach kann nicht an einen Schutzgott des Odenwaldflüsschens **Weschnitz** gedacht werden, sondern nach J. E. Ch. Schmidt und Stälin an den Gott von **Vesontio** (Besançon). Es liegt hier ein Beispiel der bekannten Combination des keltischen und römischen Götterdienstes vor, wie in dem Merc. Alaunus (Nr. 88), Merc. Arvernus (öfter) oder Arvernorix (in Miltenberg Br. 1741), Merc. Cisonius (in Köln Br. 400 und in Wiesbaden Br. 1461), woneben auch Cisonius, wie Visucius, allein vorkommt (Ruppertsberg in der Pfalz Br. 1831). Aehnliche Beispiele sind: Mars Caturix (von den Katurigern in der Provence), Mars Leucetius (von den Leuci bei Tullum = Toul). Wie diese beiden letzteren, so ist auch Visucius ein localer Beiname. »Dem Gott Vesonti ist eine in Besançon gefundene Inschrift gewidmet (Or. 2064). Bei dieser Stadt war ein dem Mercur geweihter Berg, und Mercursbilder finden sich dort besonders häufig.« (St.) Der keltische Mercur hiess eigentlich **Teutat** (vgl. 12) und war nach Caes. b. gall. V 17 der Hauptgott des Volkes, entsprechend dem deutschen Wôdan, nordisch Odhin. — Man beachte den (runden) Punkt auf I (Christ). Die Punkte Z. 5 nach D, Z. 6 nach N habe ich nach Christ aufgenommen; dieselben sind zwar nicht ganz sicher, wie auch der Punkt Z. 2 vor C und nach G, doch scheint es, dass die Inschrift durchaus punktirt war, in dem letzteren Fall (und Z. 5 zwischen D und C?) sogar innerhalb des Worts. — Ueber Candidius vgl. zu 14. — Viel Schwierigkeit machen die beiden letzten Zeilen. Lehne und Grüff erklärten (um einen andern Vorschlag zu übergehen): Decurio Civium Collegii SeNiorum ET MEDiCus Civitatis N., Brambach (Baden unt. röm. Herrsch.): Duumvir Curator Civitatis Septimiae (oder Severianae) Nemetum, ITEM DECurio Coloniae N., Mommsen: DeCurio Civitatis Saltus Nicrini, ITEM DECurio Civitatis N., Christ: Decurio Civium (oder Curator) Civitatis Septimiae (oder Severianae) Nemetensis ET ITEM DECurio Coloniae N. Aus den neueren Ladenburger Funden (vgl. Brambach a. a. O.) und aus unserer Inschrift geht hervor, dass sowohl Neuenheim-Heidelberg als Ladenburg vici der civitas Nemetum waren. Diese führte von Trajan den Beinamen **Ulpia**, später von Septimius Severus den zweiten Beinamen **Septimia** oder **Severiana**, neben welchem dann allmählich der erste verschwand, wie auf unserer Inschrift. Die Hauptstadt dieser civitas, Speier, hiess keltisch **Noviomagus**, officiell römisch **colonia Neme-**

tum. — Decuriones hiessen die Mitglieder des Gemeinderaths oder (sofern die civitas einen ganzen Bezirk umfasste) des Bezirksausschusses, der dem römischen Senat nachgebildet war. *) Nach Christs Annahme war nun der Dedicant decurio in beiderlei Sinn, nämlich Mitglied des Bezirksausschusses der ganzen civitas Nemetum und Mitglied des Gemeinderaths der Hauptstadt. Da es übrigens in der Kaiserzeit auch Stadt- und Bezirksärzte gab, und M mit den folgenden Buchstaben durch Ligatur verbunden ist, so ziehe ich die ohnehin einfachere ältere Erklärung medicus civitatis Nemetum vor, der jetzt auch Christ beistimmt. Dabei ist anzunehmen, dass M doppelt fungirt. — Ob die vorangehende Ligatur nach Christ in „et item" oder bloss in „item" aufzulösen ist, fragt sich.

Kayser, Zusatz II. Handschuchsh. Akten v. 19. Sept. 1764 (Christ). Cannegieter, de ara Noviomagi Gelriae reperta (1766) p. 56 (Br.). Lamey, acta Pal. I 202. Tab. II 2. Donat. 470, 6. Kupp. Palaeogr. I 554 (Christ). J. E. Chr. Schmidt, Gesch. des Grossh. Hessen II 399 (Städten). Or. 2067. Creuzer, altr. Cult. 51 u. 100. Lehne I 348, 118. Steiner A 131, B 920 (vgl. II 8. 373). Stälin 163 (vgl. Württ. Jahrb. 1835, S. 30). Hefner ² S. 80, A. 83. Rapp. 45. Zell, übers. Darst. 30. Ders., delectus n. 290. de Wal, myth. sept. 280. Ring II 72. Fickler-Christ 7, d. Becker, Nass. Ann. VIII 584. Bramb. 1704. (cf. Add.) Ders., Baden unter röm. Herrsch. S. 24 ff. Christ, Archäol. Z. 1869, S. 72. Wilmanns 2259. Haug 162.

Hörd (vgl. 12).

20. Reliefbild der Juno, 1767 (T.) nach M. gebracht. Der untere Theil fehlt. H. noch 97, Br. 57, D. 15. Röthlicher Sandstein. — Die Göttin ist mit Ober- und Untergewand bekleidet. Letzteres lässt den rechten Unterarm frei, ersteres ist durch einen Gürtel zusammengehalten, bedeckt Brust, Unterleib und l. Arm und fällt von diesem lang herab. In der l. Hand trägt sie ein Weihrauchkästchen, in der r. eine Schale; darunter stand wohl der gewöhnliche, hier nicht erhaltene, brennende Altar. Neben ihr steht l. frei aufrecht der Götter-Stab, das lange Scepter, r. auf einer Console der Pfau.

Lamey, acta Pal. II 45. Tab. III 1. Lehne I 202, 50. Hefner ² S. 39, Nr. 4. Ders. ³ S. 309, n. 54. Preuner, Hestia-Vesta 227, A. 5.

Neu-Saarwerden bei Saar-Union (Kreis Zabern in Nieder-Elsass).

21. Votivstein, 1770 (T.) als Geschenk nach Mannheim geschickt (Lamey). Unter der (unvollständigen) Inschrift das Reliefbild der Juno mit lang herabfallendem Schleier, Obergewand bis ans Knie, Unterkleid bis zu den Füssen; vorn über die Brust läuft ein Gurt vom l. Arm abwärts bis zur r. Hüfte; in der l. Hand hält sie den Götter-Stab mit Knauf, in der r. eine Schale, unter welcher noch Spuren eines Altars sichtbar sind; oben r. steht auf einer Console der Pfau. — H. noch c. 130, Br. 51, D. 22. Gelbgrauer Sandstein.

```
RIMANIVS
 RISCVS
```
..... Primanius Priscus.

Z. 1 ist o. etwas verstümmelt. Als Z. 3 gibt Gräff irrthümlich an H R S · V · S; davon lässt sich keine Spur entdecken.

Osann, Z. f. AW. 1844, S. 246. Steiner B 1855. Br. 1860. Christ, B. J. 52, S. 69. Haug 171.

---

*) D · C kann Abkürzung für DeCurio sein, selbst wenn der Punkt dazwischen steht (vgl. den Punkt nach G Z. 2); Christ zieht jedoch nach Analogie des Q(uaestor) C(urator) Br. 956 = J. Becker (Mainzer Inschriften) 38 vor: Decurio Curator Civitatis (Gemeinderath und Pfleger), oder Decurio Civium Civitatis, wie Br. 1330 = Becker 126, oder bloss Decurio Civium (C. C. den Plural andeutend).

(Wald-) Bullau (bei Erbach im Odenwald).

22. Altar mit hoher Krönung und Basis; in der Mitte der ersteren ein Halbmond, zu beiden Seiten desselben Füllhörner, auf welchen die an Altären häufig vorkommenden Rundpolster ruhen. Porticum cuiusdam sacelli sustentat in pago Bulla — repertum a Jo. Marquardo a. 1519 *(Apian);* 1764 *(T.)* von Graf Georg Ludwig von Erbach-Fürstenau nach M. geschenkt. Masse des ganzen Steins: H. 132, Br. 72, D. 36, der Inschriftplatte: H. 59, Br. 67, D. 34, Höhe der Buchstaben: 9 Centimeter. Rother Sandstein.

```
    FORTVNAE
  L⌐ FAVONVS         Fortunae Lucius Favonius Seccianus, centurio legionis
  SECCIANVS          octavae Augustae.
  > LEG VIII AG
```

Das blattförmige Zeichen Z. 2 vertritt öfters die Stelle der Interpunction, wie überhaupt statt der gewöhnlichen dreieckigen Punkte häufig andere, im Druck nicht leicht wiederzugebende Zeichen, kleine Haken, Bogen u. drgl. vorkommen. — Das winkelförmige Zeichen Z. 4 (hier übrigens spitzwinklig) ist die gewöhnliche Abkürzung für centurio; dafür steht auch ein umgekehrtes C. — Legio VIII Augusta stand unter Augustus in Pannonien, später in Mösien. Nachdem sie im Jahr 69 auf Vespasians Seite getreten war und bei der Eroberung von Cremona mitgewirkt hatte, wurde sie zur Bekämpfung des batavischen Aufstandes über die Alpen geführt. Nachher blieb sie lange, bis ins 3. Jahrhundert, in Obergermanien, wo ihr Standlager zu Argentoratum (Strassburg) war. Vgl. Grotefend in Paulys Realenc. s. v.; Klein, die Legionen in Ober-Germanien; Brambach praef. Mit Recht schliesst Christ aus dem Fehlen der späteren Beinamen, unter Vergleichung ähnlicher Inschriften aus der Nähe, dass unser Stein wahrscheinlich in die Mitte des 2. Jahrhunderts zu setzen ist (B. J. 52. 64).

Apian p. 460. Nach ihm Mart. Smetius, inscriptionum Europ. liber (1588) 150, 9. (*Br.*) Latius, reip. Rom. comment. (1598) p. 552. (*Chr.*) Grut. 72, 7. Eckhart, comment. de rebus Franciae orient. (1729) 1 S. Schneider, Erbach. Hist. (1736) 271. (*Br.*) Lamey, acta Pal. I 212 ff m. Abb. Donat. 469, 16. Hanselmann, Beweis 231. (*Br.*) Knapp § 33. Taf. IV. Lehne I 293, 95. Steiner, Gesch. u. Topogr. d. Maingebiets (1834) 115. Ders. A 272, B 168, vgl. IV S. 682. Wagener 160. (*Chr.*) Ring I 290. Klein, inscr. Hass. 15. (*Br.*) Bramb. 1391.

23. Fundort und Schicksal unbekannt. Basrelief, ziemlich verwittert. H. 64, Br. 62, D. noch 21. Grauer Sandstein. — Im Vordergrund anscheinend ein Opfertisch, auf den ein Mensch mit andächtig geneigtem Kopf von rechts her eben eine Gabe legt, während auf der linken Seite ein Mann von untersetzter Statur die rechte Hand nach dem Altar ausstreckt und auf dem linken Arm etwas herzuträgt. (Die Bemerkungen Gräffs sind ganz falsch).

Ausser bei Gräff anscheinend noch nirgends erwähnt.

Rödingen (Kreis Jülich).

24 — 26. 28. 29. 31 — 34. Neun den Matronen geweihte Votivsteine. In Juliacensi ducatu eiusque praefectura Castrensi inter Rödingen et villam ab inferno (»in der Hölle«) dictam collis arenosus eminet, in quo reperti sunt a. 1785 lapides literati plures. — Nunc in museo antiquario hic asservantur *(Lamey* 1789).

Die Matronen oder Mütter (matronae, matres) sind segnende weibliche Genien der ländlichen Flur, besonders des Getreide- und Obstbaus, überall in den von Kelten bewohnten Gegenden verehrt, in den Donauländern, Oberitalien, Gallien, Spanien, Britannien, am häufigsten aber in dem linksrheinischen Landstrich vom Kreis Crefeld bis südlich zum Kreise Schleiden vorkommend, wo der eingewanderte deutsche Stamm der Ubier wohnte. In der Regel werden sie zu dreien abgebildet, meist sitzend, mit Fruchtkörben auf dem Schoss, auf dem Haupt grosse turbanartige Hauben, das Obergewand auf der Brust in einen Knoten zusammengeschürzt. Schwierig zu erklären sind ihre Beinamen, von welchen auf unsern neun Denkmälern folgende vorkommen: Gesaienae, Gavadiae, Etrahenae, Vatniae. Zum Theil scheinen dieselben rein locale Beinamen zu sein, hergenommen von dem Ort ihrer Verehrung; bei andern aber, die in verschiedenen Gegenden erscheinen, wie Aufaniae, ist dies sehr zweifelhaft.

Vgl. über die Matronen überhaupt und über einzelne Darstellungen derselben besonders Lamey, acta Pal. VI hist. p. 62 — 78. H. Schreiber, die Feen in Europa 1842. de Wal, de moedergodinnen 1846. Lersch, B. J. 2, 124 — 139. 11, 142 — 150. 12, 42 — 60. Freudenberg, B. J. 18, 97 — 129. 19, 82 — 91. 20, 81 - 100. Eick, B. J. 23, 61 — 76. J. Becker, B. J. 26, 91 ff. Fiedler, die Gripswalder Matronen- und Mercurius-Steine 1863. Die Erklärung ihrer Beinamen aus der deutschen Sprache hat Kern versucht (vgl. Freudenberg, B. J. 52, 149 ff). Eine Sammlung sämmtlicher Matronendenkmäler bereitet J. Becker vor.

24. **Votivstein mit dem Bilde der drei Matronen**, welche in einer überdachten, von Pfeilern eingefassten Nische auf einem gepolsterten Sopha sitzen und Körbe mit Früchten (Aepfeln und Aehrenbüscheln) auf ihrem Schoss halten. An ihrer Kleidung sind charakteristisch die umfangreichen Hauben, welche die Köpfe der beiden äusseren bedecken, während bei der mittleren, etwas kleinern, mehr mädchenhaft gebildeten, das Haar in Locken herabfällt; ferner das weite, faltenreiche, auf der Brust in einen Knoten zusammengebundene Obergewand. Statt der Seitenlehnen sind r. und l. Delphine angebracht. Auf der r. Nebenseite zeigt sich ein Jüngling in aufgeschürzter Tunica mit Krug und Pfanne, auf der l. eine Jungfrau, nur zum Theil erhalten, welche sich ebenfalls zum Opfer anzuschicken scheint. Unter beiden Seitenfiguren ist ein Akanthus-Ornament angebracht. — Um seiner hervorragenden Schönheit willen ist dieses Denkmal neustens auf Veranlassung von E. Hübner in der Archäologischen Zeitung wieder abgebildet, beschrieben und besprochen worden. — H. 116, Br. 74, D. 32. Maastrichter Kreidetuff.

MATRO·GESAIENIS	Matronis Gesaienis Marcus Julius Valentinus et Julia Justina ex imperio ipsarum libentes merito.
M·IVL·VALENTINV⌐	
ETIVLIA·IVSTINA	
EX IMPERIO IPSARVM LM	

Z. 1 steht in O ein kleines N; am Ende sind noch Spuren von IS erkennbar, ebenso Z. 2 eine Spur von S. Z. 3 nach T und Z. 4 nach O stehen wahrscheinlich keine Punkte. *)

*) E. Hübner setzt dieses Denkmal nach dem Charakter der Schrift an das Ende des 1. oder den Anfang des 2. Jahrh. Ich zweifle, ob sich dies so genau bestimmen lässt. Auch Inschriften aus der Zeit Antonins (z. B. Br. 1607 = Nr. 45 in meinen „Röm. Inschr. in Wirt. Franken"), ja aus der Zeit Diocletians (z. B. unsere Nr. 86) zeigen vollkommen „das Ebenmaass und die einfache Eleganz", welche Hübner an unserer Nr. 24 hervorhebt. — Ich habe mich daher fast durchaus enthalten, Vermuthungen über die Zeit eines Denkmals aus dem Charakter der Schriftformen zu schöpfen.

Ein Julius Valentinus erscheint bei Tacitus (Hist. 4, 68—85) als einer der Führer des batavischen Aufstandes; allein die Gleichheit der Namen kann natürlich ganz zufällig sein; Julier sind ja in Gallien und den Rheinlanden überaus häufig, da durch Cäsar, Augustus und Tiberius hier massenhafte Bürgerrechtsertheilungen stattgefunden hatten, und auch das cognomen Valentinus kommt nicht selten vor. — ex imperio ipsarum ist auf Matronensteinen sehr gewöhnlich, entsprechend dem bei andern Gottheiten häufigeren ex iussu. Die Worte sind ein Beweis, wie sehr diese Göttergestalten die religiöse Phantasie des Volkes erregten und erfüllten.

Lamey, acta Pal. VI 84 m. Abb. Hüpsch I 58, 19. Schreiber, die Feen, S. 62. Tab. II. de Wal, moed. 136. Lersch, B. J. 12, 49. 57. Tab. I. II 3. Freudenberg, ebd. 18, 109, A. 10, 2. Steiner A 715, B 1207. Br. 613. Haug 152. Haug u. Hübner, Archäol. Z. 34 (1876), S. 61 — 67.

25. Matronen-Votivstein, in zwei Stücke zerbrochen und stark verstümmelt. H. c. 102, Br. 66, D. c. 30. Gelblichgrauer Sandstein. — Ueber der Inschrift die drei Matronen in einer von Pfeilern eingefassten Nische auf einem Polster sitzend (wie 24). Es fehlt jedoch der mittleren und r. Figur die untere Hälfte des Körpers, der l. Hals und Kopf. Erhalten ist aber namentlich bei der r. die bekannte grosse Haube, bei der mittleren, die hier deutlich kleiner und jugendlicher erscheint, das herabfallende Lockenhaar, bei der l. der Fruchtkorb. Auf beiden Nebenseiten finden sich Blattornamente.

```
    }        N I S
    G        A B V S
    M ·ı     L I V S       Matronis Gavadiabus Marcus Novellius (?) Pri-
    PR,      V S · E T     vatus (?) et Novellia (?) Secunda votum solverunt
 5  N O     _I A · S E C   libentes merito.
    V N       · S · L · M ·
```

Die Ergänzung der Namen Z. 3—5 ist zwar nicht ganz sicher, aber doch nach der Distanz und den Buchstabenresten wahrscheinlich; J. Becker wollte den Namen des Mannes lesen: M. Aemilius Primus oder Primitivus.

Lamey, acta Pal. VI 65. de Wal, moed. 149. Steiner B 1214. Bramb. 614. Becker, B. J. 42, 107. Haug 152.

26. Matronen-Votivstein, o. r. beschädigt. H. 95, Br. 65, D. c. 27 (Basis 30). Gelblichgrauer Sandstein. — Zwischen der 1. und 2. Zeile der Inschrift Brustbilder der drei Matronen, in Blumenkelchen stehend: die beiden äusseren mit der Haube, die mittlere mit Locken (vgl. 24 und 25).

```
       A T R O N I S
    G A'A D I A B V S · Q · IVI       Matronis Gavadiabus Quintus Julius
    S E V E R I N V S · E T · S E C V N/  Severinus et Secundinia Justina pro se et
    D I N I A · I V S T I N A · P R O    suis ex imperio ipsarum libentes merito.
 5  S E · E T · S V I S · E X · I M I/
        I P S · L · M
```

Lamey, acta Pal. VI 68 m. Abb. Hüpsch I 56, 11. Steiner A 710, B 1213. Schreiber S. 62, Taf. II. Lersch, B. J. 4, 183. de Wal, moed. 146. Bramb. 608. Haug 152.

Remagen.

27. Votivstein, dem Hercules geweiht, zugleich mit Nr. 30. 36. 38 gegen Ende des Februars 1784 unterhalb Remagen gefunden (infra Rigomagum *Lamey* *) und mit jenen bald darauf nach M. gebracht. Einfache Basis und Krönung, letztere fast ganz zerstört. Masse des ganzen Steins: H. noch 35, Br. 27, D. 15, der Inschriftplatte H. 24, Br. 24, D. 13. Grauer Sandstein.

    DEO · HERCV
    LI · ET · GENIO   Deo Herculi et genio loci Bellanco Gimionis
    LOCI   BELL   (filius) votum solvit libens merito.
    ANCO · GIM^I
5 ONIS · V · S · L · M

Hercules wurde etwas oberhalb Remagen bei Brohl von den römischen Soldaten vielfach als Saxanus verehrt, d. h. als der Gott der Steinbrüche, der Kraft gibt zu schweren Arbeiten; daran haben wir wohl auch hier zu denken. — Ueber genio loci vgl. zu 3. — Die Punkte Z. 3 und 4 sind unsicher. Nach M Z. 4 ist noch die Spur eines I sichtbar (Christ). Wir haben dann hier den Namen Gimio, wie Bramb. 1793 (vgl. Haug 167) in Altripp. Die Anfangsbuchstaben aller 5 Zeilen sind etwas verletzt.

Lamey, acta Pal. VI 52. Hüpsch I 54, 4 (ex schedis suis), nach ihm Brewer I 23, Steiner A 765, B 991. de Wal, myth. sept. 53. Bramb. 641.

Rödingen (vgl. zu 24 — 26).

28. Matronen-Votivstein, r. und u. verstümmelt. H. noch 37, Br. noch 23, Dicke noch 13. Gelblichgrauer Sandstein. — Auf der l. Seite ist noch der obere Theil eines mit Blumen verzierten Füllhorns sichtbar, aus welchem Früchte (Aepfel, Birnen, Aehren) hervorragen (vgl. 33).

    NIS
    IABVS   Matronis .... iabus .... nius .... ex pro ...
    NIVS
    VV · PRO

Ex pro.. weiss ich nicht sicher zu ergänzen, etwa ex proposito oder ex promisso?

Osann, Z. f. AW. 1844, S. 246 (nach Gräff). de Wal, moed. 175. Steiner B 1215. Bramb. 615. Becker, B. J. 42, S. 107. Haug 152.

29. Matronen-Votivstein mit einfacher Krönung und Basis. Auf beiden Nebenseiten Umrisse eines Blumenornaments. — H. 102 (Inschriftplatte 76), Br. 50, D. 24 (22). Gelblichgrauer Sandstein. — Die Höhe der Buchstaben, welche überhaupt öfters von o. nach u. abnimmt, beträgt hier Z. 4 (nicht 5) nur ²/₃ der übrigen Zeilen (vgl. 31).

Lamey, acta Pal. VI 70 m. Abb. Hüpsch I 56, 12. Steiner A 711. B 1212. Schreiber S. 62. Lersch, B. J. 4, 183. de Wal, moed. 148. Or.-Henzen 5937. Bramb. 609.

```
  MATRONIS
  GAVADIABVS
  SEX · IVL · SECVRVS
  ET · IVL · IANVARIVS
5   V · S L M
```

Matronis Gavadiabus Sextus Julius Securus et Julius Januarius votum solverunt libentes merito.

Remagen (vgl. zu 27).

30. Votivstein, vielleicht auch dem Hercules geweiht wie Nr. 27. 36. 38; aus zwei Fragmenten bestehend, o. und ein wenig auch r. und l. verstümmelt. Auf der r. und l. Nebenseite Arabesken. H. noch 50, Br. 30, D. 26. Gelblichgrauer Sandstein.

```
    . . . . . . . . . . .
    /////·/////·/·VS
    SECVI/DVS
    DECCOL·L/VG·
5   ·X·EVOC·A·C//
    CVMPERTIC//
    /IATORIA·D·L
    V·S·L·M
```

.... ius Secundus, decurio coloniae Lugdunensis, ex evocato Augusti iterum (?), cum pertica viatoria, dono dedicato votum solvit libens merito.

Vor der jetzigen 1. Z. stand wohl noch eine mit dem Namen des Gottes. Vor V glaubte ich wie Bramb. den Rest eines M zu finden; nach Christ steht hier ein senkrechter Strich, also I. — Z. 4 wurde bisher gelesen dec(urio) coll(egii) [A]ug(ustalium); allein nach dem ersten L steht ein Punkt, also vielmehr dec. col(oniae) Lug(dunensis), d. h. Gemeinderath von Lyon, wie E. Hübner im Angesicht des Steins vermuthete. (Ueber decurio vgl. zu 19). Die grosse Entfernung darf nicht bedenklich machen; es liegt in der Natur der Sache, dass Decurionen auch hie und da weit entfernt von ihrer civitas auf Inschriften vorkommen. — Der hier genannte decurio war früher evocatus Augusti gewesen, d. h. ein ausgedienter, aber vom Kaiser wieder zum Dienst einberufener Soldat. Solche evocati genossen besondere Bevorzugungen beim Dienst und Begünstigungen in Betreff des Soldes und Avancements, wurden auch in der Kaiserzeit zu besonderen Commissionen, z. B. zur Bewachung wichtiger Gefangenen (vgl. Tac. ann. 2, 68) verwendet oder zu Offiziersstellen promovirt (Marquardt, röm. Staatsverwaltung I 375 ff.). — Am Ende der 5. Z. steht ein wagrechter Strich, wie sonst über Zahlen, also wohl II = iterum (vgl. Nr. 8, 8). — Cum pertica viatoria ist bis jetzt noch unerklärt. Man könnte an einen »Wanderstab« denken, und darauf verweisen, dass der decurio von Lugdunum sich auf einer Reise befunden zu haben scheint; dann würde c. pert. viat. zu dem Schluss der Inschrift zu ziehen sein; allein pertica ist kein Stab zum Gehen, sondern ein Stab zum Schlagen oder eine Stange zum Messen. Die letztere Bedeutung nimmt Lamey hier an und meint, indem er die in Frage stehenden Worte ebenfalls zum Folgenden zieht, die pertica sei von Metall gewesen und mit dem Altar geweiht worden; allein bei dieser Fassung ist viatoria anstössig, das man dann mit Lamey erklären müsste: zum Messen der Wege, was es nicht heisst. Am besten scheint es zu übersetzen: Stab eines viator, d. h. eines öffentlichen Dieners, des Ausläufers oder Aufwärters (apparitor) einer Behörde. Hienach ist anzunehmen, dass der Genannte bei seiner zweiten Einberufung als Diener, wahrscheinlich bei der Militärjustiz (cf. Tac. 1. c.) verwendet wurde und als Zeichen dieser Function die pertica viatoria führte. Dann sind diese Worte besser zum. Vorangehenden zu ziehen. — Der letzte Buchstabe Z. 7 scheint nach den Resten D zu sein, also: dono dedicato, donum dedit oder dat dedicat (vgl. D · D · V S L L M Bramb. 1601).

Lamey, Mscr. 1 u. acta Pal. VI 57 m. Abb. Hüpsch I 54, 3 (ex schedis suis). Steiner A 766, B 993. Br. 640. Wilmanns 2279. Haug 152.

Rödingen (vgl. zu 24—26).

31. Matronen-Votivstein mit einfacher Krönung und Basis. H. 80 (Inschriftplatte 64), Br. 53, D. 27 (24). Gelblichgrauer Sandstein.

```
  E T R A H E N I S
  E · G E S A + E N I S
  BASSIANA MA
  TERNA E BASS
5 ANA PAERNA
  EX M· PS·L·M·
```

Etrahenis et Gesaienis Bassiana Materna et Bass(i)ana Pa(t)erna ex imperio ipsarum libentes merito.

Wie öfter fehlt auch hier der allgemeine Name Matronis. — Z. 1 lese ich jetzt mit Christ HE statt IE, Z. 2 mit Lamey G statt C (was Christ festhält). Die feineren Striche sind nämlich auf der Inschrift oft nicht mehr sichtbar, so besonders auch die Mittelstriche der A, die wohl überall vorhanden waren. Die Ligatur Z. 2 ist IE, indem I quer herübergelegt ist. Man beachte auch das Fehlen von I (wofür nirgends Platz ist) zwischen Z. 4 und 5, sowie dass Z. 5 T nicht ausgedrückt ist. — Bassiana, der Form nach cognomen, steht hier wie ein Geschlechtsname. — Z. 6 ist nur halb so hoch als Z. 1 (vgl. zu 29).

Lamey, acta Pal. VI 66 m. Abb. Hüpsch I 58, 20. Steiner A 716, II 1208. Schreiber 62. Lersch, B. J. 4, 182. Osann, Z. f. AW. 1844, S. 217. de Wal, moed. 137. Or.-Henzen 5936, Bramb. 616. Haug 152 (vgl. auch Archäol. Z. 34, S. 64).

32. Matronenstein mit einfacher Basis und Krönung. Auf den Nebenseiten Umrisse von Blattornamenten wie 25 und 29. — H. 70 (Inschriftplatte 56), Br. 42, D. 22 (17). Gelblichgrauer Sandstein.

```
  MATRONIS
  VATVIMS
 T·IVLIVS·VITALIS
  V S L M
```

Matronis Vatuims(?) Titus Julius Vitalis votum solvit libens merito.

Z. 2 über I ein runder Punkt, der nicht zufällig scheint, vgl. 19 (Christ). Vatuims wollte Kern (vgl. S. 27) als uralte Bildung des Dat. Plur. erklären, da im Litthauischen allerdings noch ms erhalten ist, während das Gothische und Ahd. nur noch m hat. Allein es ist einfacher, an eine undeutliche Ligatur zu denken und Vatuivis (Bramb.), Vatuinis oder Vatuimis (Christ) zu lesen. Jedenfalls ist es eine Nebenform von Vatuiabus Nr. 33 f.

Lamey, acta Pal. VI 73. Hüpsch I 57, 15. Steiner A 714, II 1211. Schreiber 62. Osann, Z. f. AW. 1844, S. 247. de Wal, moed. 173. Bramb. 612.

33. Matronenstein mit einfacher Basis und Krönung. Um die Inschrift schlingt sich ein zierliches Ranken-Ornament; auf beiden Seiten ist ein mit Blumen geschmücktes Füllhorn, von welchem Früchte herabhängen: Aepfel, Birnen, Trauben und Aehren (vgl. 28). — Masse des ganzen Steins: H. 77, Br. 46, D. c. 30, der Inschriftplatte: 51, 33, 27. Gelblicher Sandstein.

```
   N R O N S
   V I A B V S · I V
   L I A · V E G E T I
   F I L I A  M N D
5  I A · P R O S E
   E T   S V I S · V O
   T V M  ·   S O L
   V I T · L · M ·
```

Matronis Vatuiabus Julia Vegeti filia Mandia pro se et suis votum solvit libens merito.

Vegeti kann Genetiv von Vegetus oder Vegetius sein. Mandia ist cognomen zu Julia. Lamey, acta Pal. VI 71 m. Abb. Hüpsch I 57, 14. Steiner A 713, B 1209. Schreiber 62. de Wal, moed. 170. Bramb. 610.

34. Matronenstein mit einfacher Krönung und Basis. Auf beiden Nebenseiten die Umrisse eines Blumen-Ornaments. H. c. 70 (Inschriftplatte 54), Br. 40, D. 19 (17). Gelblicher Sandstein.

```
    M A T R O N I S
    V A T V I A B V S
    Q · I V L · P R I M V S
    P R O  S E · E · S V I S
5   V · S · L · M
```

Matronis Vatuiabus Quintus Julius Primus pro se et suis votum solvit libens merito.

Lamey, acta Pal. VI 72. Hüpsch I 56, 13. Steiner A 712, B 1210. Schreiber 62. de Wal, moed. 172. Bramb. 611.

Alzei in Rheinhessen (vicus Altiaiensium nach Bramb. 877).

35. Altar mit Krönung und Basis, zugleich mit Nr. 37 und Br. 877 im Anfang des Frühlings 1783 au dem südlichen Thor von Alzei ausgegraben (ponendis densissimi muri fundamentis adhibiti — non nihil accisi atque caemento obducti *Lamey*) und bald darauf („nuper" *Lamey* a. 1789) nach Mannheim gebracht. — Masse des ganzen Steins: H. 109, Br. noch 46 (urspr. 50), D. 35, der Inschriftplatte 60, 42, 30. Grobkörniger grauer Sandstein.

Die Schriftzüge sind roh eingehauen und schlecht erhalten. Die Punkte Z. 1 am Ende, Z. 6 und Z. 7 nach O sind zweifelhaft. Z. 3 erwartet man noch einen den Vornamen bezeichnenden Buchstaben; aber der Raum ist leer. — Z. 6 f. wollten Brambach und Becker lesen: EX VOTO, allein von X und O ist keine Spur, vielmehr scheint nach V noch I oder L zu stehen (Christ), und Z. 5 beginnt mit einem stumpfwinkligen L. Hienach ist zu vermuthen der bekannte Name Fullo, der hier als zweiter Beiname erscheint (schwerlich als nomen appellativum = Tuchwalker).

```
  I N · H · D · D ·
  D E A E · M I
  N E R V E ·              In honorem domus divinae. Deae Minerv(a)e Vita-
  V I T A L I N I          linius Secundinus Fullo (?) dono dedit.
5 V S · S E C V N
  D I N V S · F V I
  L O · D · D ·
```

Lamey, Mscr. J und acta Pal. VI 42. Lehne I 216, 60. Steiner A 304, B 588. Bramb. 878. Becker, B. J. 44—45, S. 253. Haug 154.

Remagen (vgl. zu 27).

36. Votivstein, dem Hercules geweiht, mit einfacher Krönung und Basis. — Masse des ganzen Steins: H. 45, Br. 29, D. 14, der Inschriftplatte: 28, 25, 12.

```
  H E R C V L I
  L  I V C V N D I N I V S     Herculi Lucius Jucundinius Maximus, beneficiarius
  M A X I M V S                consularis, votum solvit libens merito.
  B COS V S L M
```

Die Buchstaben sind nur leicht eingehauen; bei V, N, M, A ist die Abrundung der Ecken bemerkenswerth. — Ueber Herculi vgl. zu 27, über benef. cons. zu 3.

Lamey, acta Pal. VI 55. Hüpsch I 54, 2 (e schedis suis); nach ihm Brewer I 23. Steiner A 764, B 992. Bramb. 613. Haug 153.

Alzei (vgl. 35).

37. Altar mit Krönung und Basis (beide auf einer Seite abgeschlagen). — Masse des ganzen Steins: H. c. 102, Br. noch 51 (urspr. 56), D. 35, der Inschriftplatte: 71, 46, 30. Grauer Sandstein.

```
  FORTVNAE ☙
  DEAE                        Fortunae deae ex voto suscepto Lucius Gnatius
  EX VOTO SVSC               Mascellio votum solvit libens merito.
  L · GNATIVS ☙
5 MASCELLIO
  V ☙ S ☙ L ☙ M ☙
```

Ex voto suscepto, »gemäss übernommenem Gelübde,« ist hier pleonastisch zu der gewöhnlichen Formel v. s. l. m. hinzugefügt. — Ueber die blattförmigen Zeichen vgl. zu 22. Dieselben sind übrigens hier wie meistens eigentlich umgekehrt (Stiel nach o.).

Lamey, acta Pal. VI 44. Lehne I 294, 96. Steiner A 303, B 587. Bramb. 879. Haug 154 f.

Remagen (vgl. zu 27).

38. Votivstein, dem Hercules geweiht, mit einfacher Krönung und Basis. Durch die zweite Zeile der Inschrift geht ein Bruch mitten hindurch, was die Lesung etwas erschwert. — Masse des ganzen Steins: H. 50, Br. 33, D. 15, der Inschriftplatte: 31, 29, 13.

HERCVLI
OCTAVIVS
CVRTAVIVS
·B·COS·

Herculi Octavius Curtavius, beneficiarius consularis.

Vgl. Nr. 36. — Ueber die Numen kann bei genauer Betrachtung des Steins kein Zweifel sein. Curtavius steht hier als cognomen, wiewohl es das Aussehen eines nomen gentile hat; vgl. Januarius Nr. 29 und 87. — Z. 2 ist T etwas höher.

Lamey, Maer. 1 (nur Z. 3. 4) und acta Pal. VI 56. Hüpsch I 54. I (e schedis suis); nach ihm Brewer 1 22. Steiner A 763, B 990. Bramb. 642. Haug 153.

Mainz und Umgebung.

39—48. 52—54 sind dreizehn Soldaten-Grabsteine. Vier davon haben bildliche Darstellungen, nämlich 39. 40. 41 (Reiter) und 52 (Trompeter); die andern nur Inschriften. Ueber diesen meistens ein Dreieck mit verschiedenen Verzierungen, wie sie z. B. bei Lehne Taf. VIII. IX. XI abgebildet sind. — Inhalt und Form der Inschriften ist fast stehend: 1) Name und Herkunft des Verstorbenen im Nom., und zwar bei römischen Bürgern a) Vorname, b) Geschlechtsname, c) Vater, d) Tribus im Abl., e) Beiname, f) Heimat im Abl. Bei Nichtbürgern einfacher: a) Name (1 oder 2), b) Vater, c) Heimat. Es folgt 2) die militärische Stellung und der Truppentheil (dies fehlt auffallender Weise Nr. 54); 3) die Zahl a) der Lebensjahre, b) der Dienstjahre. 4) Die Formel H·S·E = hic situs est; 5) meistens die Bezeichnung dessen, der den Grabstein errichten liess, öfters mit dem Beisatz: ex testamento. — Die tribus, seit 241 v. Chr. 35 an der Zahl, waren ursprünglich geographische Bezirke, sind aber als solche nicht erhalten worden, indem man neu aufgenommene Städte einer und derselben Gegend in verschiedene tribus vertheilte. Erst in der Kaiserzeit fieng man an, ganze Provinzen einer tribus zuzuweisen, so Gallia Narbonensis der tribus Voltinia (vgl. 48 n. 54). Siehe Marquardt, Röm. Staatsverwaltung I 40 f., und über die Vertheilung der einzelnen Städte und Bezirke an die tribus das Buch von Grotefend, Imperium Romanum tributim descriptum. Hann. 1863.

Gustavsburg (an der Mündung des Mains, auf dessen linker Seite).

39. Grabstein eines Reiters, n. verstümmelt, »1632 in der sogenannten Rheinspitze ausgegraben, als der König in Schweden Gustav Adolf die Gustavsburg aufbauen wollte,« dann nach Mainz gebracht und auf den Altar der Fortuna Redux (Nr. 76) in der Albansschanze gesetzt,*) endlich (1766 T.) nach M. gekommen *(Fuchs).* — Ueber der Inschrift das Relief-Bild eines Reiters in stark halber Lebensgrösse, auf einem mit phalerae geschmückten, galoppirenden Pferd, das Schwert an der r. Seite, die Lanze mit der r. Hand schwingend, den Langschild und wohl auch die Zügel in der l. Hand haltend; hinter ihm zu Fuss ein Begleiter mit Lanze; beide mit dem Helm auf dem Haupte. — Aehnliche Dar-

---

*) "Auf eben diesem Stein (Nr. 76) steht ein ganz anderer, welcher abermals einen Reuter mit seinem Namen vorstellt. Er hiess Togitius und sein Vater Solimarus. Das abgebrochene letzte Wort LIN mag wohl Lingo geheissen haben." *Lamey Maer.* 2.

stellungen siehe bei Lindenschmit, die Alterthümer unserer heidnischen Vorzeit, 1 Bd. Heft III 7 und XI 6. — Das sonst gewöhnliche Dreieck über der Inschrift oder dem Bilde (Sepulcraldreieck) fehlt hier. — Masse des ganzen Steins: H. noch 137, Br. 77, D. 27; Höhe der Bildfläche 110, der Inschrift noch 19.

| TOGITIOSO | Togitio Solimari f(ilius), Lin[go?] . . . . |
| TIMARI·F·LIN | |

Die Buchstaben der 2. Z. sind alle unten etwas verstümmelt. Nach F steht ohne Zweifel ein Punkt (Christ), darauf folgt offenbar ein verstümmeltes L, dessen verlorener Querstrich sich unter dem kleinen I herüberzog. Hiernach ergibt sich F·LIN, wie schon Lamey las. Dies kann nach Lamey zu Lingo (Nom.) oder mit Vergleichung von Br. 1033 (Christ) zu Lindo (Abl.) ergänzt werden. Die Lingones sind ein gallischer Stamm auf dem Plateau von Langres, das von ihnen den Namen hat. Sie dienten vielfach in den römischen Heeren. Lindo ist Br. 1033 (= J. Becker Nr. 79) Abl. von Lindos, Stadt auf Rhodos, da Kleinasien eben der dort genannten tribus Quirina angehörte; von dieser Stadt aber kann hier dem Namen des Kriegers nach keine Rede sein. Man müsste dann vielmehr an das britannische Lindum denken (Lincoln = Lindi colonia, vgl. CIL VII 179 ff.); aber am nächsten liegt doch Lingo = Lingone. — Da fast alle Soldatengrabschriften aus Mainz den Namen des Verstorbenen im Nominativ geben, so ziehe ich diese Fassung auch hier vor. — Was Gräff noch als 3. und 4. Zeile hinzufügt: BFIVS TAG · F · EX TESTAMENTO, ist von Niemand sonst gesehen worden und hat auch nie dagestanden, ist vielmehr durch ein Versehen Gräffs aus Nr. 40, Z. 5 f. hier hereingekommen. Selbst Brambach nahm diese beiden Zeilen auf, ohne Zweifel weil er an eine solche Nachlässigkeit nicht dachte.

M. Opitius, variarum lectionum liber (1637) 18, 10 (Br.). Merian, topogr. archiep. Mog., Trev. et Col. (1646) Taf. zu p. 7 (Chr.). Reinesius, syntagma VIII 42, p. 527. Montfaucon, suppl. IV 27. Tab. XIII. (Br.) v. Lingen, kleine deutsche Schriften (1730ff) II 181 (Klein). Mur. 246, 4. Antiq. vom Main (1740) 385 (Br.). Lamey, Mscr. 2 (lt. lit. 1764, Nr. 21). Fuchs I 100, 9 m. Abb. (lat. 103, 9). Diethelm ? 1 446. Wagner, stat. topogr. hist. Beschr. v. Hessen (1829) S. 280. T. 48, 511 (Br.). Fehlt bei Lehne (Christ). Steiner A 324, B 228. Klein, inscr. Hass. 4 (Br.). Bramb. 1980. Haug 155.

Mainz.

40. Grabstein eines thracischen Reiters mit Relief-Bild: ein Reiter, der mit dem Pferde ansprengt; an der r. Seite hängt das Schwert, mit der r. Hand schwingt er die Lanze, in der l. hält er einen Schild (vgl. 39). Darüber das gewöhnliche Sepulcraldreieck. — Fund-Ort und -Zeit nicht näher bekannt; 1766 (T.) nach M. gebracht. — Höhe des Dreiecks 31, der Bildfläche 62, der Inschrift 38, zusammen c. 145, Br. 64, D. 28.

C · TVTIVS · MAN · F·	Caius Tutius, Mani(i) filius, Dansala, eques ex
DANS · EQ · EX · CO	cohorte quarta Trhacum (sic!), annorum triginta
IIII · TRHAC · AN XXV	quinque, stipendiorum decem, hic situs est. Posuit
ST · X · H · S · E · POS V	Bitus, Staci(s?) filius, ex testamento. .
5 BITVS · STAC · F · EX	
TESTAMENTO ·	

Sämmtliche T sind höher als die übrigen Buchstaben; F· Z. 1 und V Z. 4 stehen auf dem Rand (vgl. 10 und 41). — Dausala oder Densala (Br. 980?) ist eine thracische Stadt;

nach ihr nannte sich ein Stamm Δενδηληται, Denseletae (vgl. Pauly, Realenc.). — Die thracischen Cohorten werden schon von Cäsar (b. civ. 3, 95) wegen ihrer Tapferkeit belobt. Die unsrige war eine sogenannte cohors equitata (Or. 1549, cf. Henzen), d. h. eine solche, bei der wenigstens etwa der vierte Theil der Mannschaft beritten war (so nach Hygin Henzen in B. J. 13, 56 f.). Ein anderer Reiter der nämlichen Cohorte ist in Wiesbaden begraben (Br. 1523). — Der Name Bitus auch bei Wilmanns 1509 von einem Thracier der 6. Cohorte. Stacus, wofür auch Stachus vorkommt, ist ohne Zweifel der griechische Name Stachys.

<small>Donat. 468, 14. Lehne II 317, 281. Steiner D 341. Aschbach, B. J. 20, 61. Bramb. 1290. Becker, D. J. 44—45, S. 254. Haug 155.</small>

41. Grabstein eines helvetischen Reiters mit Reliefbild, 1731 an dem Weg nach Zahlbach gefunden *(Fuchs)*, 1766 *(T.)* nach Mannheim gebracht. — In einer von Pfeilern eingefassten Nische ein Reiter, welcher mit galoppirendem Pferd und ausgestreckter Lanze, den Schild an der l. Seite, gegen den Feind ansprengt. Die Ausführung ist jedoch roh, nur andeutend. In dem Dreieck darüber Blumen-Ornamente. — H. des Dreiecks 36, des Bildes 44, der Inschrift 35, zusammen 142, Br. 60, D. c. 23.

```
RVFVS · COVTVS
VATI · F · NATIO · ELVETIVS
EQVES · ALA · ISPANAE
STI · XIIX · ANO · XXXVI
5 HER · P · H · S · E
```

Rufus Coutus Vati(i?) filius, natione (H)elvetius, eques ala(e) (H)ispanae, stipendiorum duodeviginti, an(n)orum triginta sex. Heres posuit. Hic situs est.

Rufus scheint der angenommene römische, Coutus der ursprüngliche helvetische Name dieses Reiters zu sein. — Ein Helvetier in einer spanischen Schwadron darf nicht auffallen; Aehnliches kommt in dem buntgemischten römischen Heer öfters vor, da die von ihrer Heimat entfernten Truppentheile auch aus andern Nationen ergänzt wurden. In derselben ala Hispanorum diente auch ein Bojer (Weissenb. Diplom). Vgl. Harster, die Nationen des Römerreichs in den Heeren der Kaiser 1873. — Zwei andere Reiter dieser ala Hisp. sind in Worms begraben (Br. 889. 890). Nach W. Christ, das röm. Militärdiplom von Weissenburg 1868, S. 23, ist dieselbe identisch mit der ala Auriana (Tac. hist. 3, 5), welche im Jahr 70 zur Unterdrückung des batavischen Aufstandes nach Germanien kam. Da übrigens schon in der Zeit der Flavier zwei spanische Schwadronen gebildet worden sein müssen (ala II Hisp. Flavia), so scheint unsere Inschrift in die erste Zeit der Flavier zu fallen, in welcher es nur eine gab, die eben desswegen keine Numer führte. — Man bemerke die Willkürlichkeiten im Ausdruck (ulae Ispanae statt Hispanorum), in der Wortfolge (die Dienstjahre vor den Lebensjahren; ‚heres posuit' vor ‚hic situs est'), in der Schreibung (h im Anlaut weggelassen; ala als Gen.).

<small>Lamey, Mscr. 2 (R. liter. 1761, Nr. 15). Donat. 468, 13. Fuchs I 107, 4 (Iat. 110, 4). Or. 480. Lehne II 277, 262. Steiner A 433, B 466. Bramb. 1227. Becker a. a. O. 253. Haug 155.</small>

42. Grabstein eines gallischen Reiters. Schicksal wie 41. — H. 144 (Inschrift 54), Br. 51 (Inschrift 39), D. 30.

Die Petrucorier wohnten in Aquitanien in der Gegend des heutigen Périgueux, das von ihnen den Namen hat. — Dass eine Abtheilung der Hilfstruppen so wie hier nicht nach

```
A D B O G I V S · COI
NAGI & F · NA · PETR
VCORIVS · EQ · AL ·
RVSONIS · AN ·
5 XXIIX · STI · X ·
HIC · SITVS · EST ·
EX · TESTAMEN
TO · LIBERTVS &
FECIT
```

Adbogius, Coinagi filius, natione Petrucorius, eques alae Rusonis, annorum duodetriginta, stipendiorum decem, hic situs est. Ex testamento libertus fecit.

der vorherrschenden Nationalität, sondern nach einem Manne benannt ist, der sie errichtet oder mit besonderem Ruhm geführt hatte, ist nicht selten; dann ist aber gewöhnlich ein Adjectiv auf ianus gebildet (vgl. Henzen, B. J. 13, 73 ff.). Doch kommt ausser unserer ala Rusonis z. B. auch eine ala Putrui vor (Henzen 6723); also ist der Genetiv nicht ohne Beispiel. Ein Abudius Ruso wird Tac. ann. 6, 30 als Legionsbefehlshaber zu Mainz genannt (Grüff). Vielleicht hatte unsere ala von ihm ihren Namen.

Maffei 450, 8. Donat. 267, 1. Fuchs I 104, 2 (lat. 108, 2). Lehne II 311, 278. Steiner A 440, B 342. Or.- Henzen 5234. Bramb. 1230. Hartung, die röm. Auxiliartruppen am Rhein I (1870) S. 37, A. 3. Wilmanns 1537.

43. Grabstein eines Legionssoldaten. Fund-Ort und -Zeit nicht näher bekannt (*Lehne:* 1766); 1766 (T.) nach M. gebracht. Ueber der Inschrift in dem Dreieck eine Rosette und Arabesken. — H. c. 135 (Inschrift 74), Br. 57 (Inschrift 45), D. c. 27.

```
M · AEMILIVS
M · F · S A · FVS
CVS · SAVA ·
MIL · LEG · I ·
5 ADI · AN · XXV
SŤ · VIII · H · S · E
FRATLR · PL · P · P ·
```

Marcus Aemilius, Marci filius, (tribu) Claudia, Fuscus, Savaria, miles legionis primae adiutricis, annorum viginti quinque, stipendiorum octo, hic situs est. Frater pro pietate (oder propria pecunia?) posuit.

Die Schrift ist schmal und hoch (fast 9 cm.). — Savaria, vollständig colonia Claudia Savaria, lag in Pannonia superior, bei dem heutigen »Stein am Anger.« Von dieser Stadt finden sich auf rheinischen Inschriften noch vier Soldaten, welche alle der legio I adjutrix angehörten (Br. 1091. 1143. 1146. 1752). Ueberhaupt waren die Soldaten dieser Legion zur Zeit ihres Aufenthalts in Germanien fast sämmtlich aus Pannonien und Dalmatien gebürtig (Grotefend in Paulys Realenc. s. v. legio). Sie stand in Obergermanien jedenfalls seit a. 96 bis Antonin oder Marc Aurel (Bramb. praef.); aus dieser Zeit stammt also unser Grabstein. — pr. p. p. wird von Brambach aufgelöst: pro pietate posuit; man kann es aber auch lesen: propria pecunia posuit (cf. Wilmanns 1063), wie ja oft vorkommt: sua pecunia posuit.

Lamey, acta Pal. II 143 m. Abb. Donat. 469, 2 = 473, 3. Lehne II 69, 135. Steiner A 387, B 363. Grotefend 131. Bramb. 1288.

44. Grabstein eines Legionssoldaten. Schicksal wie 41 f. — In dem Dreieck eine kleine Rosette mit Arabesken. — H. 130 (Inschr. 73), Br. 58 (Inschr. 41), D. c. 30.

```
  M · BRAETIVS
  M · STEL · TAVR ·
  MIL · LEG · XIIII ·
  GEM · AN · XXX.V
5 STIP · XIII · H · S · E ·
  EX · TESTAM ·
```

Marcus Braetius, Marci (filius, tribu) Stellatina, Taurinis, miles legionis quartae decimae geminae, annorum triginta quinque, stipendiorum tredecim, hic situs est. Ex testamento.

Die Schrift ähnlich wie Nr. 43, doch nicht ganz 7 cm. hoch. Der Querstrich der A Z. 1 und 2 (nicht 4 und 6) geht schräg abwärts. — Taurinis, von Augusta Taurinorum (Turin). — Die 14. Legion, mit dem Beinamen gemina, stand wohl seit Drusns in Germanien bis unter Claudius (43 n. Chr.), kam dann nach Britannien und in andere Länder, war aber vom Jahr 70 an wieder in Obergermanien, wahrscheinlich bis zum Jahr 96, in welchem sie von der legio I adiutrix (vgl. zu 43) abgelöst wurde (Brambach praef.). Hienach fällt dieser Grabstein ins erste Jahrhundert nach Chr.

Maffei 451, 4. Donat. 278, 5. Fuchs I 131, 19 (lat. 134, 19). Lehne II 137, 174. Steiner A 396, B 505. Grotef. 36. Bramb. 1173. Haug 155.

45. Grabstein eines Legionssoldaten. Schicksal wie 41 f. 44. — H. 138 (Inschrift 48), Br. 58 (Inschrift 39), D. 21.

```
  SECVNDVS
  METILIVS · M ·
  F · STL · TAV · MIL ·
  LEG · XIV · GEM ·
5 ANNO · XXX ·
  STIP · VII · H · S · E ·
  AMICI · POS ·
```

Secundus Metilius, Marci filius, (tribu) Stellatina, Taurinis, miles legionis quartae decimae geminae, annorum triginta, stipendiorum septem, hic situs est. Amici posuerunt.

Die Schrift ist ähnlich wie Nr. 43 und 44, aber nur 6 cm. hoch. Die T sind etwas höher. — Secundus, sonst cognomen, steht hier als praenomen voran. — Ueber Taurinis und die 14. Legion vgl. zu 44.

Maffei 451, 5. Donat. 299, 9. Fuchs I 145, 24 (lat. 147, 24). Lehne II 149, 183. Steiner A 395, B 500. Grotef. 36. Bramb. 1181.

46. Grabstein eines Legionssoldaten. Schicksal wie 41 f. 44 f. Ueber der Inschrift wölbt sich ein Rundbogen; r. und l. von demselben stehen zwei einfache Säulen mit breitem Kapitäl, diese tragen das Sepulcraldreieck, an dessen Rand Bänder angebracht sind. — H. 172 (Inschr. 70), Br. 60 (Inschr. 40), D. 22.

Die Schrift ist noch niederer (5½—4½ cm.) und desshalb verhältnissmässig breiter als Nr. 45. Sämmtliche T ragen hervor. Die Punkte sind meist wie die beiden auf Z. 7 annähernd wiedergegebenen. — Aquis, von Aquae Statiellae oder Statiellorum in Ligurien, jetzt Acqui. — Ueber die 14. Legion vgl. zu 41. — Man bemerke die wiederholte Weglassung von Vocalen (gemnae, stipndia, Licnins, testamnti), den unregelmässigen Acc. stip(e)ndia ohne ein Verbum, den ungewöhnlichen Ausdruck ex testamenti formula, die Schreibung ixs für ex (sonst auch exs) und posit (diese Form auch sonst, neben posiit und posivit).

— 39 —

```
   SEX · NAEVIVS
   SEX · F · TROM ·
   AQVIS · MILES
   LEG · XIIII · GEM
 5 NAE · ANN · XXV ·
   STIPNDIA · XI ·
   H ѦSAE ·
   T · LICNIVS · IXS ·
   TESTAMNTI · FO
10 RMVLA · POSIT ·
```

Sextus Naevius, Sexti filius, Tromentina (tribu), Aquis, miles legionis quartae decimae gem(i)nae, annos (?) triginta quinque, stip(e)ndia undecim, hic situs est. Titus Lic(i)nius ixs (= ex) testam(e)nti formula pos(u)it.

Maffei 451, 1. Donat. 295, 6. Fuchs I 141, 23 (lat. 145, 23). Lehne II 158, 187. Steiner A 394, B 482. Grotef. 30. Bramb. 1185. Haug 155.

47. Grabstein eines Legionssoldaten. Schicksal wie 41 f. 44—46. — Höhe c. 107 (Inschr. 67), Br. 47 (Inschr. 33), D. 19.

```
   L ᴄ ANTEST
   INS C F NET
   PLAC M IL
   LEG XVI AN
 5 XXVI STI H
   H S ET ANTE
   STIVS FRATE I/
   POSVIT
```

Lucius Antestius, Cai filius, Veturia (tribu), Placentia, miles legionis sextae decimae, annorum viginti sex, stipendiorum duorum, hic situs est. Titus Antestius frater posuit.

Man bemerke das Fehlen aller Interpunction, ausser dem blattförmigen Zeichen Z. 1. Die drei T Z. 1 f., sowie I Z. 5 ragen hervor. Auffallend ist die Form der beiden V Z. 2. Die Schrifthöhe nimmt von 7 cm. allmählich bis 3½ cm. ab. — Placentia, d. i. Piacenza am Po. — Die 16. Legion stand unter Augustus und Tiberius, wahrscheinlich bis 43 n. Chr. in Obergermanien (Bramb. praef.). Hiernach gehört unser Stein auch in jene Zeit.

Maffei 450, 9. Donat. 269, 8. Fuchs I 156, 33 (lat. 158, 33). Lehne II 173, 198. Steiner A 402, B 424. Grotef. 70. Bramb. 1197.

Gustavsburg (vgl. 39).

48. Grabstein eines Legionssoldaten, o. und u. verstümmelt, 1633 in der Rheinspitze gefunden (*Fuchs*), 1766 (*T.*) nach M. gebracht, wahrscheinlich als Basis zu der Statue Nr. 68 gehörend (siehe dort). — Ueber der Inschrift das breite, plattgedrückte Gesicht des Sonnengottes mit reichem, strahlenförmig sich ausbreitendem Haar. Diese Figur steht ohne Zweifel im Zusammenhang mit dem Namen Solius. — H. noch 87 (Inschr. 60), Br. 76 (Inschr. 57), D. 26.

Der Charakter der Schrift ist so ziemlich wie auf dem berühmten Denkmal des im Varianischen Krieg gefallenen Hauptmanns M. Caelius. Die Höhe der schönen und ebenmässigen Buchstaben beträgt Z. 1 f. 10, Z. 4 f. noch 7 cm. Die Form der Punkte ist mit einigen Varietäten meist ungefähr wie Z. 3. — Viana = Vienna in Gallia Narbonensis, etwas südlich von Lugdunum. — Ueber die 22. Legion vgl. zu 5. Dass dieselbe hier nur primigenia heisst, nicht auch pia fidelis, weist auf eine frühere Zeit hin, womit auch der Schriftcharakter übereinstimmt. — Z. 6 ist u. etwas defect.

```
  P & SOLIVS·
  P& F · VOL · SV          Publius Solius, Publii filius, Voltinia (tribu), Suavis,
  VIS ~ VIANA              Viana, miles legionis vicesimae secundae primigeniae, an-
  MIL · LEG · XXII         norum quadraginta septem, stipendiorum . . . .
5 PRIM · AN ·
  XXXXVII · STI'
```

M. Opitius, variarum lectionum liber (1637) 18, 12 *(Br.)*. Reinesius, epist. ad Rupertum 59, 527 *(Br.)*. Ders., syntagma VIII 38, 525. Schöpflin, Als. ill. I 441. Lamey, Mscr. 2 (It. lit. 1764, Nr. 17) und acta Pal. II 138. Fuchs I 174, 48 (lat. 176, 48). II 349f *(Klein)*. Wiener, de leg. Rom. XXII, 80 *(ders.)*. Lehne II 222, 232. Steiner A 325, B 227. Lersch, Centralmuseum rheinl. Inschr. II (1810) S. 59. Klein. inscr. Hass. 3 *(Br.)*. Grotef. 126. Bramb. 1382. Haug 155.

Trier.

49 und 50. Zwei christliche Grabschriften auf Marmorplättchen. — Nr. 49 wurde zuerst veröffentlicht (von Lamey) acta Pal. III 42. Die weitere Literatur siehe bei J. Becker, die ältesten Spuren des Christenthums am Mittelrhein (Nass. Ann. VII 2), S. 56.

```
  HIC CONDITVS GENESIVS QVI VIXIT ANNIS XLV
  IN MATRIMOII CONIVCTIONE FVIT ÃNNIS XVII
  QVI LICET INMATVRO OBITV DISTITVTVS
  TAMEN SVPERSTITIBVS OMNIBVS FILIS SVIS
5 ADQVE VXORE DEFECIT TITVLVM CVM AETERNETATE
  VINCTVRVM CONIVX SEMPER AMANTISSIMA SVI
  ADQVE OBSEQVENTISSIMA DIDICAVIT
```

Hic conditus (est) Genesius, qui vixit annis quadraginta quinque, in matrimo(n)ii coniu(n)ctione fuit annis septendecim: qui licet inmaturo obitu distitutus (= dest.) tamen superstitibus omnibus fili(i)s suis adque (atque) uxore defecit (er verschied). Titulum (Grabschrift) cum aeternetate victurum (fehlerhaft für victurum = mansurum) coniux semper amantissima sui (fehlerhaft für eius) adque obsequentissima didicavit (= ded.) — Unter der Inschrift ein Tauf-Gefäss, r. und l. davon eine Taube, auf einem Zweig sitzend.

Nr. 50 war schon im 16. Jahrhundert bekannt und befand sich ehemals auf einem Steinsarg in der Paulinuskirche zu Trier *(Becker)*. — Vgl. Grut. 1061, 6. (Lamey) acta Pal. III 42. Die weitere Literatur s. bei Becker a. a. O S. 57.

```
  HIC QVIESCIT
  VRSATIVS VS
  TIARIVS QVI VI
  XIT AN LXVII CVI
5 EXSVPERIVS FI
  LIVS TVLVM POSV
```

Hic quiescit Ursatius Ustiarius, qui vixit annis (?) sexaginta septem, cui Exsuperius filius tetulum (öfters für titulum) posuit.

Eigenthümliche (spätere) Formen zeigen hier besonders die Buchstaben A, F, L, Q und die Zahlen. — Unter der Inschrift befindet sich das Monogramm Christi und zu beiden Seiten desselben eine Taube.

Mainz.

[51]. **Denkstein der 22. Legion**, 1766 nach M. gebracht *(Gräff)*, im Antiquarium nicht mehr aufzufinden, wenn er nicht mit 62, b identisch ist (vgl. zu diesem).

  LEGIO XXII · PR · P · F   Legio vicesima secunda primigenia pia fidelis.

Ueber diese Legion vgl. zu Nr. 5.

Erwähnt von Lamey, acta Pal. II 152. Bramb. 1377 g, 80.

  52. **Grabstein eines ituräischen Trompeters.** Fund-Ort und -Zeit nicht näher bekannt; 1766 *(T.)* von Mainz nach M. gebracht. — Ueber der Inschrift in einer von Pfeilern eingefassten Nische unter einer muschelförmigen Bedachung die Halbfigur des Verstorbenen in Hautrelief (Lebensgrösse). Das Haupt ist unbedeckt; der Mantel zieht sich von der r. Schulter in einem hohen Wulst um den Nacken und fällt vorn über die l. Schulter und Brust herab, den l. Arm ganz bedeckend, während der r. Oberarm und der anliegende Theil der Brust nur von der Tunica verhüllt und der r. Unterarm bloss ist. Die r. Hand hält vorn auf der Brust die tuba, von deren Mundstück übrigens ausser dem Blaserohr noch ein zweites Rohr (?) seitwärts geht; Lehne erklärt letzteres für einen »Tondämpfer zur Minderung und Modulirung des Schalls.« — H. des Bildes 70, der Inschrift 52, des ganzen Steins noch 148 (die Spitze abgestumpft), Br. 56 (Inschrift 44), D. 27.

```
  SIBBAEVS · ERON
  IS · F · TVBICEN · EX
  COHORTE · I ·
  ITVRAEORVM
5 MILES · ANN · XXIV
  STIPENDIORVM
  VIII · H · S · E
```

Sibbaeus, Eronis filius, tubicen ex cohorte prima Ituraeorum, miles annorum viginti quatuor, stipendiorum octo, hic situs est.

  Die Schrift ist ziemlich schmal, ungefähr 5 cm. hoch, die T etwas höher. — Die Ituräer sind ein wilder, räuberischer Volksstamm im Nordosten von Palästina. So sind denn auch die Namen Sibbaeus und Ero semitischen Ursprungs; letzteres ist ein bekannter Name syrischer Sclaven. Man vgl. damit die Grabschriften von anderen Soldaten derselben Coborte: Caeus Haneli f. und Monimus Ieromhali f. (Bramb. 1233 f.) Mit dem Steine des letzteren hat der des Sibbäus in der Form die grösste Aehnlichkeit (vgl. die Abb. bei Lehne). Die Ituräer waren berühmte Bogenschützen: als solche erscheinen sie schon in Cäsars und Antonius' Heeren (b. Afr. 20. Cic. Phil.); so ist der genannte Monimus mit Bogen und Pfeilen abgebildet, und auf einem Militärdiplom vom Jahr 110 (Or. 5443) erscheint neben unserer coh. I Itur. eine cohors I Augusta Ituraeorum sagittariorum.

Lamey, Mscr. 2 (lt. lit. 1764, Nr. 16). Maffei 451, 12 (ex optimis schedis). Donat. 302, 4. Or. 5050. Lehne II 290, 268. Tab. XII 53. Osann, Z. f. AW. 1844, S. 247. Steiner B 312. Bramb. 1289. Wilmanns 1574. Hartung, d. röm. Aux. am Rhein II (1875) S. 10, A. 5.

53. Grabstein eines rätischen Soldaten, 1731 vor dem Gauthor gefunden *(Fuchs)*, in propugnaculo S. Francisci *(Maffei)*; 1766 *(T.)* nach Mannheim gebracht. — H. noch 76 (Inschr. 32), Br. 54 (Inschr. 35), D. 16.

```
  C V S E S · S V G
  ENT · F · REGVS · EX
  CHO · RAET · ET · VIN
  ANNOR · XL · STIP ·
5 XX · H · S · E ·
```

Cuses Sugenti(s?) filius Regus, ex cohorte Raetorum et Vindelicorum, annorum quadraginta, stipendiorum viginti, hic situs est.

Ob der Name des Vaters Sugens oder Sugentus heisst, ist zweifelhaft. Regus wurde von Lehne erklärt: aus Regium oder Castra Regina (Regensburg); allein das kann Regus nicht heissen. Vielmehr ist es Beiname, wie Coutus Nr. 41, nur dass hier in römischer Weise (vgl. 43. 48) der Name des Vaters dem Beinamen voransteht. — Da Z. 2 das X geschweift und unten mit E verbunden ist, so meinte ich DC = DECurio lesen zu müssen, habe dies aber jetzt auf Christs Einsprache aufgegeben; die bezeichneten Eigenthümlichkeiten der Schrift finden sich auch an andern Stellen dieses Denkmals. — Nach der Unterwerfung der Räter und Vindeliker durch Drusus und Tiberius (15 v. Chr.) wurde, wie es scheint, zuerst nur eine Hilfscohorte aus beiden Völkerschaften gebildet, später aber beide in viel stärkerem Masse zum Kriegsdienst herangezogen; im Jahr 74 gab es schon vier vindelicische, im Jahr 80 schon acht rätische Cohorten (vgl. Becker, B. J. 20, 104. Mommsen CIL III ind.) Neben diesen muss aber die gemischte cohors Raetorum et Vindelicorum fortbestanden haben; wenigstens spricht der etwas rohe Schriftcharakter unseres Denkmals keineswegs für den Anfang der Kaiserzeit.

Maffei 451, 3. Fuchs I 183, 3 (lat. 186, 3). Or. 484. Lehne II 307, 275. Steiner A 438, B 448. Klein, Abbildung von Mainzer Alterthümern II (1850) S. 27. Bramb. 1236. Haug 155.

54. Grabstein eines Soldaten. Schicksal wie 53. — H. c. 128 (Inschr. 67), Br. 52 (Inschr. 34), D. 24. — In dem Sepulcraldreieck eine Rosette, auf demselben ein (beschädigter) Knauf. Von der Inschrift stehen die Zeilen 1 und 2 innerhalb eines bebänderten Kranzes.

```
  C · VIBIVS
     C · F
  VoLTI · LVCO
    ANO · XXVI
5   STIP · III
     H · S · E ·
  FRATR r
   POS
```

Caius Vibius, Cai filius, Voltinia (tribu), Luco, an(n)orum viginti sex, stipendiorum trium, hic situs est. Frater e[i] pos[uit].

Luco, d. h. von Lucus Augusti in Gallia Narbonensis („municipium id Vocontiorum est" Tac. hist. 1, 66); heutzutage Luc en Die (Paulys Realenc.) — Auffallender Weise fehlt die Bezeichnung der Truppe, bei welcher C. Vibius gedient hatte. Fuchs bemerkt hierüber: »vielleicht war er beim Stab oder Commissariat angestellt.« Wahrscheinlich gehörte er der

22. Legion an (vgl. zu 5), und der Stein stammt aus einer Zeit, in der diese in Mainz die einzige war, so dass ihr Name als beinahe selbstverständlich weggelassen konnte. — Z. 7 ist wegen der Raumverhältnisse ei wahrscheinlicher als eius. Die Schriftzüge sind ziemlich roh.

Maffei 451, 11. Fuchs I 198, 5. Lehne II 257, 252. Steiner A 472, II 509. Grotef. 119. Bramb. 1247. Haug 155.

Wolfstein (vgl. 16).

55. Würfelförmiger Grabstein, u. verstümmelt; 1765 *(T.)* nach M. gebracht. H. noch 49, Br. 81, D. 34. Grobkörniger, mit Quarz durchsetzter Sandstein.

```
  ATTONIA · SELM
  NIC<sup>C</sup>· ATTONIS · F ·
  ET · QVINO · ET ·
  SATVRNINA · CAR
5 ANTI · FILIO · ET · FI
```

Attonia Selma Nicco, Attonis filio, et Quinto et Saturnina(e), Carauti(i) filio et fi[liae, posuit oder faciendum curavit].

Attonia Selma (setzte diesen Denkstein) dem Niccus, Sohne des Atto, dem Quintus, Sohne des Carantius, und der Saturnina, Tochter desselben. — Der Vorname Quintus steht wohl hier wie öfters als Beiname. In dem Dativ Saturnina fehlt das e am Ende, wie Nr. 41 in dem Genetiv ala (vgl. auch Haug 175). Von Z. 6 fand Christ noch die Köpfe einiger Buchstaben, aus denen auf Llae p(osuit) geschlossen werden kann.

Schöpflin I 588. Lamey, Macr. 2 und acta Pal. I 33 (erwähnt). Donat. 470. 2. Nach Lamey (per Lyndenium) Cannegieter, de ara ad Noviomagum Gelriae rep. (1766) p. 60 *(Nr.)*. Lehne II 363, 312. Hefner *¹* S. 37, Nr. 57. Ders. *¹* Nr. 231. Steiner B 801. Bramb. 1769. Becker, B. J. 44—45, S. 254. Haug 166.

56. Fundort und Schicksal unbekannt. Grabstein mit stark verwaschener Inschrift. Derselbe bildet ein spitzwinkliges Dreieck, an den Ecken etwas verstümmelt. — H. 59, Br. u. noch 62, D. 20 — 23. Gelblich grauer Sandstein.

D(is) M(anibus). Clementi Aiassa Siri et Arruntio Cur(t?)urionis filio f(aciendum) [c(uraverunt)]. — Ihrem Sohne Clemens haben Aiassa, des Sirus Tochter, und Arruntio, des Curturio Sohn, diesen Stein errichten lassen.

D. M., Dis Manibus, was auf den bisherigen Grabdenkmälern fehlte, bildet sehr häufig den Anfang der Grabschriften. Manes, d. h. die Guten, Reinen, sind »die durch den Tod und die Weihe der Bestattungsgebräuche geläuterten, erhöhten und gleichsam consecrirten Verstorbenen, welche fortan wie andere Götter und Geister verehrt wurden.« Preller, röm. Mythol. 72. 455. — Die Erklärung der Inschrift ist im übrigen nach Christ gegeben, während ich früher las: D. M. Clementi(us) Aiassa sibi et Arruntio Cur.urionis filio, was an sich betrachtet einfacher wäre; aber es steht auf dem Stein nicht SIBI, sondern SIRI. — Die Inschrift hat eigenthümliche Züge. Die Buchstaben T und theilweise auch I ragen stark über die andern hervor; bei L in Z. 2 bildet der untere Querstrich einen kleinen Bogen, auf dessen Mitte der Schaft steht; die A haben keine Querstriche, die E und F auffallend kurze. Z. 5 war wohl I und F verbunden.

Osann, Z. f. AW. 1844, S. 247. Steiner'D 1639, vgl. III S. 425. Bramb. 2019. Becker, B. J. 44—45, S. 253. Haug 171.

Mainz.

57. Grabmal, 1731 vor dem Gauthor ausgegraben, 1766 nach M. verbracht *(Fuchs; T. fehlt)*. — In einer Nische sitzt ein Mensch in Lebensgrösse (Hautrelief), der die r. Hand über der l. im Schoss zusammenhält. Nach meiner Ansicht ist es ein Mann, während Christ eher eine Frau anzunehmen geneigt ist. Das Gewand reicht bis unter die Kniee; an den Füssen sind Schuhe bemerkbar; von den Schultern bis zu den Füssen hängt vorn ein eigenthümliches Gewandstück herab, das sich allmählich bis zu 13 cm. Breite verjüngt und u. mit zwei Quasten verziert ist. Der ganze obere Theil ist sehr beschädigt und da, wo die Hände zusammenreichen, ein tiefes Loch eingegraben. R. u. l. vom Kopf zieht sich eine schwer leserliche Inschrift in einer Zeile herüber. — H. c. 210 (die sitzende Figur 138), Br. 89, D. 39. Grobkörniger grauer Sandstein.

E I/I M A   SOL I M' T I/ F

J. Becker wollte vorn noch ein S finden und las SELIMA (vgl. 55 Selma); Christ und ich konnten nichts davon sehen. Der zweite Buchstabe kann L oder T sein. — Noch mehr Schwierigkeit macht das was l. steht. SOLIM ist sicher, und zwar mit grösserem L und kleinerem I, nach welchem vielleicht ein Punkt steht, ebenso ist F am Ende unzweifelhaft; das Mittlere gebe ich nach der wiederholten, sorgfältigen Vergleichung Christs, der aber auch diese Lesung nur als die relativ wahrscheinlichste zu bezeichnen wagt. Hienach könnte die Inschrift lauten: Elima (oder Etima) Solimuti filius (filia?). Auf dem l. Rande können übrigens noch zwei Buchstaben gestanden haben.

Fuchs I 233, 22. Becker, B. J. 44—45, S. 254. Fehlt bei Brambach.

58. Vierseitiger Altar*) ohne Inschrift, 1766 *(T.)* nach Mannheim gebracht. H. 119, Br. 56, D. noch 54. Röthlicher Sandstein. — Auf einer Seite Mercur mit Hut und Schuhen, sonst nackt; der r. Arm erhoben, die l. Hand auf den Kopf eines Knaben gelegt (wahrscheinlich Bacchus, vgl. 11). Auf der zweiten Seite (links) Apollo mit der Chlamys, die jedoch nur den linken Arm und das l. Bein bedeckt; die r. Hand liegt auf der Brust, die l. hält die auf einem Altärchen stehende Lyra. Auf der dritten Seite (Mercur entgegengesetzt) Vulcan mit Mütze und aufgegürteter Tunica; unter den Armen und über die

---

*) Die Viergötteraltäre, deren unser Antiquarium 11 enthält, dienten wahrscheinlich für den Hausgottesdienst; sie standen wohl in den Höfen oder auch im Innern der Häuser (Klein, Mainzer Zeitschr. I, 488 ff.) Eine eingehende Abhandlung über dieselben bereitet Karl Christ vor. — Bei der Aufzählung der verschiedenen Götterfiguren halte ich immer dieselbe Reihenfolge ein: 1. vorn, 2. links, 3. hinten, 4. rechts (vgl. S. 10).

l. Schulter sind Riemen oder Seile geschlungen; in der hoch erhobenen Rechten hält er den Hammer, die Zange in der Linken ist zu dem Ambos herabgesenkt. Die vierte Seite ist ausgehöhlt, vgl. zu 17.

Lehne I 233, 66.

59. Herkunft und Schicksal unbekannt. — Sculpturfragment, die Ueberwindung eines Ungethüms durch einen ansprengenden Reiter darstellend. Erhalten sind nur die Schenkel des Reiters, der Rumpf des Pferdes (23—32 cm. dick) und unter demselben eine abenteuerliche Gestalt mit grossem menschlichem Kopf (26 cm. hoch), und mit zusammengedrücktem, unförmlich kurzem Leib, vor welchem die Beine sich wie zwei Schlangen um einander winden. — Grauer Sandstein.

Dieses Denkmal ist besprochen und abgebildet von Jäger im I. Jahresbericht des hist. Vereins der Pfalz (1842) S. 48—50. Taf. III 5. Aehnliche Darstellungen kommen in der Gegend mehrfach vor. Stark hat dieselben zusammengestellt und besprochen in B. J. 44—45 (Ladenburg und seine römischen Funde), S. 27— 29. *) Nach ihm können sie sich nicht auf ein einzelnes historisches Factum beziehen, eben weil sie so oft und an verschiedenen Orten erscheinen, insbesondere nicht auf einen Flussübergang, denn »die rein menschliche Bildung römischer Flussgötter ist bekannt genug.« Sie bedeuten vielmehr die Ueberwindung roher Naturgewalten überhaupt durch die culturbringende römische Heeresmacht. Immerhin kann man dabei unter dem Reiter sich einen Kaiser, wie z. B. Caracalla denken, der »ansprengend zu Ross mit einer nackten, unterliegenden Gestalt auf Münzen und geschnittenen Steinen vorkommt« (Stark).

[Seckenheim (zwischen Heidelberg und Mannheim)]. **)

[60]. Denkmal des Sieges, den der Kurfürst Friedrich, Pfalzgraf bei Rhein, am 30. Juni 1462 zwischen Seckenheim und Friedrichsfeld über den Bischof Georg zu Metz, den Markgrafen Karl von Baden und den Grafen Ulrich von Wirtemberg erfochten hat. Es besteht aus einem grossen steinernen Crucifix, von welchem jedoch der l. Arm und die obere Spitze abgebrochen ist (die ganze Höhe betrug 270 cm.), und aus einer Inschriftplatte, 155 h., 75 br. Rother Sandstein. — Kurfürst Karl Theodor liess das Denkmal ins Antiquarium bringen und dafür an Ort und Stelle ein anderes errichten, das aber beim Uebergang der Pfalz an Baden zerstört wurde. Jetzt ist nur noch der alte Sockel dort erhalten. — Die Inschrift zeigt die hohen, eckigen Formen ihrer Zeit, wie wir sie in den ältesten Incunabeln finden. Sie lautet: als man zalt nach gottes ' geburte m. cccc. lr. ii. iar uff | sant paulus gedechtnuß tag sint uff dieser walstat durch herrzog Friderich pfalzgrave by rine ic und | kurfurſten nyder geworffe worde her jorg bischoff zu metz. marggrave karle vo baden und grave. ulrich | von wirtemberg mit .eyner merglichen zale ir diener grafen herren

---

*) Mit Unrecht hält derselbe unser Denkmal für identisch mit dem von Altripp, welches in Speier sich befindet und von Jäger ebd. Taf. III 2 abgebildet ist *(Christ).*

**) Ich wollte dieses ausserhalb der Grenzen meines Themas liegende Denkmal zuerst ganz weglassen; habe mich dann aber doch noch entschlossen es aufzunehmen, da es nun einmal in dem Antiquarium sich befindet und in mehrfacher Beziehung interessant ist. Eine genauere Publication und eingehendere Besprechung, die es wohl verdient, muss ich K. Christ überlassen, dem ich obige Mittheilungen verdanke.

ritter und | knecht und derselben dir in solichem gescheffte tod blib[en] sint wolle got barm-
hertzig | sin und uff denselben [tag sint vsjt ju ritter geschlagen].

61 a. Fundort und Schicksal unbekannt. — Basrelief, stark beschädigt, ohne Inschrift; wahrscheinlich Grabdenkmal, ein sog. Todtenmahl darstellend. R. ein auf
einem Ruhebett gelagerter Mann mit vollem Haupt- und Barthaar, weitabstehenden Ohren,
nacktem Oberkörper. Mit dem r. Arm stützt er sich auf die Lehne oder den Rand des Lagers,
während er den l., vielleicht mit einem Trinkgefässe, erhebt. L. am Fussende des Lagers
steht eine anscheinend weibliche Figur, welche wie betend die r. Hand erhebt. Ihre Haltung ist ähnlich wie die der zweiten Figur Nr. 23 (zum Theil nach *Christl*). — H. 75, Br.
82, D. 37. Grauer Sandstein.

61 b. Unterer Theil eines Votivsteins(?) unbekannter Herkunft. — H. noch 35,
Br. der Basis 41, der Inschriftplatte 36, D. 29. Rother Sandstein.

| C O M M | Diese zwei vollständig erhaltenen Zeilen bilden den noch |
| A C A C V E | nicht erklärten Schluss der Inschrift. Die Züge sind roh. |

Bramb. 2021. Haug 171.

Schwarzerden (Kreis Simmern, Reg.-Bez. Koblenz).

62 a. Grabstein, in der Nähe eines Mithras-Monuments, gegenüber von Schw.
gefunden *(Schöpflin)*, oben ausgehöhlt. Weiteres ist nicht bekannt. — H. 73, Br. 95, D. 65.
Rötblicher Sandstein.

| D   M |
| I A R E T I O | Dis Manibus. Jaretio Losunio patri defuncto filius.
| L O S V N I O |
| PATRI · D · F · |

Schöpflin I 588. Oxann, Z. f. AW. 1844, S. 248. Steiner B 1638. Bramb. 746. Haug 153.

62 b. Denkstein der 22. Legion, hinten unbehauen, also ohne Zweifel einst in
eine Mauer eingelassen. Fundort unbekannt, wenn der Stein nicht mit 51 identisch ist. —
H. 32, Br. 65, D. 8—16. Feiner grauer Sandstein.

| LEG · XXII | Legio vicesima secunda primigenia pia fidelis.
| PR · PIA · F |

Die Buchstaben sind schmal und hoch. Auf I steht ein grosser, runder Punkt (vgl. 19,
2. 32, 2); derselbe könnte jedoch auch ein zufälliges Grübchen sein. — Ueber die 22. Legion
vgl. zu 5.

Steiner B 1640. Bramb. 2020.

63. Bruchstück eines grossen Altars unbekannter Herkunft, ohne Zweifel ursprünglich vierseitig, ohne Inschrift. Die Figuren sind derb und massig in Hautrelief ausgeführt.
Vorn Mercur, fast ganz nackt, mit gedrungenen Körperformen; an den Sohlen Flügel,
die Chlamys vom Arm herabhängend; r. u. ein Thierleib, anscheinend der eines Hundes

(vgl. 77); dahinter ein Hahn auf einem Postament (vgl. 11). Hals und Kopf fehlen, ebenso die Geschlechtstheile. Diese könnten aus Anstandsgründen weggemeisselt worden sein, scheinen aber eher von Anfang an gefehlt zu haben. Der keltische Mercur (vgl. zu 12) wurde geschlechtslos dargestellt. Links eine weibliche Gottheit, vielleicht Juno, mit langem Gewand, angelehnt an einen Stuhl oder an ein Sopha mit Polster und künstlich gearbeitetem Fuss. Rechts eine männliche Gottheit mit aufgeschürzter Tunica bis zum Knie; an den Füssen sind noch Stiefel sichtbar und l., wie es scheint, ein Ambos; also Vulcan. Den beiden letzteren Figuren aber fehlen nicht nur oben Hals und Kopf, sondern auch der Breite nach fast die Hälfte des Körpers, der Göttin die linke, dem Gott die rechte. Zwei darauf liegende Köpfe, fast rund, mit dichtem Lockenhaar, gehören nach Stil und Grösse nicht dazu, sind vielleicht überhaupt nicht antik. — Höhe noch 120 (Mercur bis zum Hals 106), Br. 100, D. noch 53. Grauer Sandstein.

64. Fragment einer Fortuna(?) unbekannter Herkunft. Erhalten sind nur noch die Beine, von welchen das eine nackt, das andere mit einem flatternden Gewande bedeckt ist. Die Gestalt hebt sich als Relief von einer glatten Fläche ab. Uebrigens erscheint es zweifelhaft, ob der Stein aus dem Alterthum stammt. — Höhe der Beine c. 30. Grauer Sandstein.

65. Herkunft unbekannt. Auf einer grossen Platte, die in eine Mauer eingelassen war, zwei Gottheiten: L. Merkur mit Schlangenstab in der Rechten (sonst gewöhnlich in der Linken); Widder und Hahn auf dem Boden (vgl. über diese Attribute Nr. 11); übrigens ist von der ganzen Figur nur der r. Arm gut erhalten. R. Hygieia, mit Schleier und langem Gewande, das am Hals viereckig ausgeschnitten und unter der Brust gegürtet ist; mit der r. Hand hält sie eine Schlange, mit der l. eine Flasche, woraus die Schlange trinkt. — Die Arbeit ist schlecht, theils Hant-, theils Bas-Relief; die Figuren für den Raum zu gross angelegt, daher fehlerhaft eingezwängt. H. 116, Br. 72, D. 28. Grauer Sandstein.

Hygieia ist die Tochter des Heilgottes Asklepios und erscheint in der Regel in Verbindung mit diesem. Man könnte daher denken, dass auch hier der männliche Gott als Asklepios zu deuten sei; hiezu würde zwar wohl der Hahn gut passen, aber nicht der Widder, und auch nicht der Stab, welcher ganz der des Mercur ist und mit dem des Asklepios keine Aehnlichkeit hat. Die Zusammenstellung des Hermes-Mercur mit Hygieia ist nicht unbegreiflich, da dieser Gott auch als Segenspender ($\dot{\epsilon}\rho\iota o\acute{v}\nu\iota o\varsigma$), ja geradezu als Heilgott erscheint; er ist ja auch Beschützer und Nährer der Herden wie der Kinder (vgl. zu 11). — Die Schlange, welche sich immer wieder selbst verjüngt, ist im ganzen Alterthum bekannt als Symbol des Lebens und der Gesundheit. Daher ihre Verbindung mit den Heilgöttern.

Anscheinend nirgends erwähnt, ausser bei Gräff.

Godramstein (I °)

66. Vierseitiger Altar ohne Inschrift, ziemlich verstümmelt, besonders o. und an den Ecken. Auf der obern Fläche eine runde Höhlung wie Nr. 17. — H. noch c. 90, Br. und D. 50. Röthlicher Sandstein.

°) Die Herkunft der drei Altäre 66. 67. 75 von Godramstein beruht nur auf der Autorität Gräffs und ist deshalb sehr zweifelhaft. Lamey sagt acta Pal. II 0: inter monumenta haec, in archivum lapidare M. nuox illata, arae sunt quinque, et in iis duae literatae (nämlich Nr. 18 und 83), $\sigma \upsilon \mu \beta \omega \mu o\iota$ quatuor (Nr. 72. 74. 77. 83). Sextum Mercurium repraesentat (Nr. 12).

Auf den vier Seiten: 1. Vorn **Juno** mit Schleier, langer Tunica und einem unter der Brust gegürteten Oberkleid; l. trägt sie das Weihrauchkästchen, r. ohne Zweifel die Opferschale. (Die Arme sind zum Theil, der Kopf fast ganz zerstört). 2. Links **Mercur** mit Schlangenstab, die Chlamys von der linken Schulter herabfallend (Kopf und Arme sind zerstört). 3. Hinten **Hercules** mit der aufgestützten Keule r. und den Hesperidenäpfeln in der Linken; von der l. Schulter scheint das Löwenfell herabzuhängen. 4. Rechts **Minerva** mit langem, unter der Brust gegürtetem Gewand, worauf ein Medusenhaupt sichtbar ist; die hoch erhobene Rechte hält den auf dem Boden stehenden Speer; l. Spuren des Schildes. Kopf und Arme fast ganz zerstört, doch vom Helm noch etwas sichtbar. — Die Bildhauerarbeit gehört zu den besseren dieser Art.

Angeführt bei Hefner ³ S. 306, Nr. 35 (nach Gräff).

67. (Vgl. A. zu 66). Vierseitiger Altar ohne Inschrift, stark verstümmelt. — H. noch 89, Br. und D. 74. Röthlicher Sandstein.

Auf den vier Seiten: 1. Vorn **Juno** libirend, wie 66; erhalten jedoch nur der unterste Theil: das lange Gewand und r. das Altärchen. 2. Links **Minerva**, o. und r. verstümmelt; noch sichtbar der Schild mit Handhabe, am Boden die Eule. 3. Hinten **Hercules**, nackt, mit der r. aufgestützten Keule; l. die Löwenhaut und in der Hand die Hesperidenäpfel, wie 66. 4. Rechts **Vulcan**, bärtig, mit Arbeitsmütze und aufgegürteter Tunica; der r. Arm (mit dem Hammer?) erhoben, der l. (mit der Zange?) gesenkt (vgl. 58). — Gräff hat diesen Altar mit Nr. 77 verwechselt.

Angeführt bei Hefner ³ S. 306, Nr. 36 (nach Gräff).

Gustavsburg (?).

68. Statue eines **römischen Soldaten**, wahrscheinlich zu der Grabschrift Nr. 48 gehörend und mit dieser a. 1633 in der Rheinspitze gefunden, jedenfalls a. 1764 in dem ehemaligen Gasthof zum römischen Kaiser auf derselben aufgestellt *(Lamey)* *) und ebenfalls 1766 *(T.)* nach Mannheim gebracht. Die Statue stand offenbar in einer Nische; nur die Beine sind ganz rund und frei. Die Füsse und die l. Hand sind abgeschlagen. H. noch 141, Br. 60, D. 30. — Das Gesicht ist etwas verstümmelt. Um den Hals ist ein dickes Tuch lose umgeschlungen; über Schultern, Brust und Arme fällt ein grosser Mantel herab. Die Rechte ist auf den Knauf des Schwertes gelegt; an der l. Seite hängt ein Dolch; dieser und das Schwert sind je an einem besonderen, durch eine Schnalle zusammengehaltenen Gürtel befestigt. Vorn in der Mitte des Leibes hängen sechs schmale lederne Riemen, mit Metall-

---

*) Lamey berichtet Mscr. 2, Nr. 17: „In dem ehemaligen Gasthause zum Römischen Kayser kommt eine Römische Statue und darunter eine Inscription vor, welche aber nicht zusammengehören. Denn die Statue zeiget weit mehr als einen gemeinen Soldaten an, dessen in der Inscription Meldung geschiehet". (Es folgt die ganz unserer Statue entsprechende Beschreibung.) „Eine solche Kleidung pflegten nur die höchsten Befehlshaber im Krieg zu tragen. — Der untere Stein ist das Grabmal des römischen Bürgers und Soldaten zu Fuss: P. Solius" (u. s. w. = Nr. 48). Da die obige Behauptung Lameys offenbar falsch ist, vielmehr an unserem Bilde gar nichts auf einen Officier hinweist, so ist es wahrscheinlich, dass dieses und die Inschrift ursprünglich zusammen gehörten. Dafür spricht auch, dass die Statue, welche Merian zu p. 7 abbildet und welche mit der unsrigen identisch zu sein scheint (Christ, nach seiner Angabe eben auch bei Erbauung der Gustavsburg gefunden worden ist. Dagegen macht Christ geltend, dass Merian, wenn 48 und 68 zusammengehören würden, nicht bloss das Bild (= 68), sondern auch die Inschrift dazu (= 48) abgebildet haben müsste.

plättchen belegt, neben einander herab; zwei andere, lose Riemen sind die Enden der Gürtel. Die Tunica bedeckt schurzförmig noch den Unterleib, die Beine sind nackt. — Aehnliche Darstellungen vgl. bei Lindenschmit, die Alterthümer unserer heidnischen Vorzeit, I. Band, besonders Heft IX, 4. Siehe auch Lersch, B. J. IV B, 8.

<small>Merian, topogr. archiep. Mog., Trev. et Col. (1646) Tab. zu p. 7 (Christ). Lamey, Mscr. 2 (It. lit. 1764, Nr. 17).</small>

Jülich.

69. Würfelförmiger Grabstein, 1756 in dem Garten der Jesuiten ausgegraben *(Lamey)*, wahrscheinlich mit Nr. 81 a. 1769 nach M. gebracht *(Gräff; T.* unleserlich). — H. 86, Br. 112, D. 41. Grauer Sandstein. Die Inschrift hat sehr schöne, grosse Buchstaben, 7 cm. hoch.

```
  FL·MATERNAE
  Q·ROMANIVS
  PROBVS·VXORI
  RARICSIMAE
5 FEMINAE·FEC
```

Flaviae Maternae. Quintus Romanius Probus uxori, rarissimae feminae, fecit.

<small>(Lamey) acta Pal. III 75. Donat. 471, 2. Steiner A 707, B 1205. Bramb. 600.</small>

Köln (Colonia Agrippinensium).

70. Inschriftplatte zu einem Grab, oben und unten defect. Fundzeit nicht bekannt; von der Pfälzer Akademie auf dem iter literarium von 1768 »bei Herrn B. v. Hübsch« *(Lamey)* gefunden und später nach M. gebracht. — H. noch 44, Br. 50, D. 12.

```
  // M·ET·B·M·APı/ıE
  VERINE·APPIVS
  SEVERVS·ET
  VERECVNDINIA
5 QVIETA·PATRES
  FILIE·DVLCIS
  SIME
```

Dis Manibus et bonae memoriae Appi(a)e Verin(a)e. Appius Severus et Verecundinia Quieta patres fili(a)e dulcissim(a)e.

Der Beisatz bonae memoriae beweist wie memoriae aeternae nicht, dass die Grabschrift eine christliche ist, aber dis Manibus allerdings auch nicht, dass sie heidnisch ist. Der ebenmässig schöne Charakter der Schriftformen und die stark offenen P und R sprechen übrigens für eine frühere Zeit. — patres steht öfters = parentes. — Z. 7 ist u. verstümmelt.

<small>Lamey, Mscr. 2 (It. lit. 1768), und acta Pal. III 63, 5. Donat. 471, 4. Hüpsch I 17, 59 (e schedis suis). Steiner A 855, B 1138. Bramb. 415.</small>

Trier (?).

71. Inschriftplatte zu dem Grab eines trevirischen Reiters: »nach Hontheim wahrscheinlich von Trier, kam in das Jesuitencolleg zu Luxemburg« *(Steiner);* „in collegio nostro haec legimus — in marmore" (folgt die Inschrift) *Willheim;* wurde noch zu Lameys Zeit nach M. gebracht. — H. 54 (o. abgerundet), Br. noch 34 (l. verstümmelt), D. 10.

```
  D   M
  L T V T (            Dis Manibus. Lucius Tutor (Lucio Tutori? Tuto?) alae
  A L A E ·           equitum Treverorum fortis fidelis (felicium fidelium?) pater pien-
  E Q T R E           tissimus posuit (so Christ), oder: frater fidelis pro pietate posuit,
5 F F · P P P         oder: fratres propria pecunia posuerunt (vgl. 43).
```

Wiltheim las noch Z. 2 TVTOR, wenn dies nicht seine Ergänzung ist. Christ vermuthet TVTO'R = Tuto praefecto. — Die vorliegende Inschrift ist offenbar unecht, wie ich schon in B. J. 55 f., 153 gezeigt habe. Dies ergibt sich aus der ganz unrömischen Form der Buchstaben, besonders der E und F, auch M und P. Auffällig ist ferner die Interpunction, sowohl ihre viereckige Form als ihr Fehlen in Z. 2. 4 und 5. Man vermisst sodann die Bezeichnung der Charge vor alae. — Diese Bedenken werden zwar gehoben durch Christs Annahme, dass wir die Copie einer echten Inschrift vor uns haben, und durch seine Lesung Tuto pr(aefecto). Allein es bleibt die andere Schwierigkeit, dass nämlich eq(uitum) oder eq(nitatae) nach alae ein ganz müssiger, meines Wissens nie vorkommender Beisatz ist. Der Argwohn wird endlich bestärkt durch den vieldeutigen Schluss, sowie durch den Umstand, dass die ala Treverorum und der Treverer (Julius) Tutor in Tac. hist. vorkommen. Schon Muratori nahm Anstoss an dem Text (non satis accurate descripta fortasse fuit haec inscriptiuncula), und Aschbach bemerkt: »Die Inschrift scheint verdächtig.«

Wiltheim, Lucilib. 145. Mur. 860, 6 ‚ex Browero'. Hontheim, prodromus hist. Trevirensis (1757) I 189, 1 (*Ständer* bei Br.). Lamey, Mscr. 1. Steiner A 823, B 1729, vgl. III S. 427. Osann, Z. f. AW. 1844, S. 248. A. (Aschbach), B. J. 19, 57, A. 1. Bramb. 800 (cf. Add.). Haug 153.

Godramstein (vgl. 11. 18).

72. Vierseitiger Altar, ohne Inschrift, 1767 *(Gräff)* nach M. gebracht.*) — H. 88, Br. und D. 44. Röthlicher Sandstein.

Auf den vier Seiten: 1. Vorn Juno, mit Schleier und langem Gewand: die l. Hand erhoben an dem aufgestützten Stab, in der r. die Opferschale, darunter ein Altärchen; auf einer Console der Pfau. 2. Links Mercur, mit Chlamys und Flügeln am Kopf; der r. Arm fast zerstört, im l. der Schlangenstab; unten l. der Bock, o. r. auf einer Console der Hahn. 3. Hinten Hercules (stark beschädigt), nackt; r. die Keule aufgestützt, l. vom Arm die Löwenhaut herabhängend, in der l. Hand die Hesperidenäpfel, r. o. der Köcher. 4. Rechts Minerva, in langem Gewande, sehr schlank (H. 70, Br. nur 13,5 cm.); in der erhobenen Rechten die Lanze, die Linke auf den Schild gestützt, auf dem Haupte der Helm; l. o. die Eule auf einer Console. — Die Sculpturarbeit ist feiner und zierlicher als gewöhnlich auf diesen Altären.

Man beachte, dass es dieselben Gottheiten sind, und in derselben Reihenfolge wie 66. 75. 83, aber auch sonst, z. B. auf zwei Altären von Au am Rhein (Fröhner, die

---

*) Hier scheint Gräff Glauben zu verdienen; nach Christ sieht man noch, dass der Stein mit einem Metallplättchen versehen war; auf diesem wird wohl wie auf 74. 77. 83 gestanden haben: ‚ex Godramstein 1767.' — Der Umstand, dass in Godramstein so viele Altäre gefunden worden sind, hat zu unsinnigen Vermuthungen über die Herkunft dieses Ortsnamens Anlass gegeben; derselbe wurde erklärt „Götter am Stein" oder „Gott-Mars-Stein" (so noch Lehne!). Das Richtige hat schon Lamey: prisca veraque nominis scribendi ratio ‚Godmars-Stein', quo Godmari cuiusdam rupes vel domus munita exprimitur (acta Pal. II 9).

Grossh. Sammlung vaterl. Alterth. zu Karlsruhe I (1860) Nr. 26. 27) und anf einem dritten unbekannter Herkunft (ebd. Nr. 29), ferner auf dem Altar von Pleidelsheim (Stälin, Würt. Jahrb. 1835, Nr. 55 = Verzeichniss der in Wirt. gefund. röm. Steindenkmale (1846) Nr. 85), auf dem von Rottenburg (St. Verz. 88), auf dem von Güglingen (St. Verz. 142), und auf einem von unbekannter Herkunft (St. Würt. J. Nr. 118 = Verz. 95). Noch andere stellt Preuner, Hestia-Vesta (Tüb. 1864) S. 225, A. 3 zusammen. Derselbe berichtigt auch den Irrthum Stälins, welcher die Juno auf diesen Denkmälern, weil sie opfernd abgebildet ist, als Vesta bezeichnete. — Warum gerade diese vier Gottheiten zu häuslicher Verehrung zusammengestellt worden, ist leicht zu erkennen: Juno als Stifterin der Ehe, als Beschützerin des Familienlebens, Mercur als Spender des Gewinns und Wohlstands, Hercules als Gott der männlichen Kraft, Minerva als Göttin der weiblichen Kunstfertigkeit. Dass übrigens diese Göttervierheit verschiedene Modificationen erfährt, zeigen schon unsere Altäre (vgl. den index), aber auch andere (Preuner a. a. O. S. 226).

Erwähnt von Lehne I 208, 55 *(Christi)*, wenn er nicht einen andern Altar mit denselben Gottheiten meint.

Neuss (Novesium).

73. Vorderseite eines Sarkophags, der a. 1671 auf einem Acker, ¼ Stunde vor Neuss, an der nach Grimlinghausen und Köln führenden Strasse gefunden *(Crombach)* und später »in dem im Herzogthum Berge gelegenen Kuhrpfälzischen Schlosse Benrath aufbewahrt« wurde *(Materialien)*. In Folge des iter literarium der Pfälzer Akademie (1768) wurde die Vorderseite mit der Inschrift noch vor 1773 nach M. gebracht *(Lamey)*.*) — H. 76, Br. 226, D. noch 17. Kreidetuff. — Zwei nackte, geflügelte Genien halten eine Tafel (ganz ähnlich wie bei Schöpflin, Als. ill. I 524); auf dieser steht die Grabschrift. Ein Bruch, der von o. nach u. durch sie hindurchgeht, ist für die Lesung von keiner Bedeutung. Oben herüber ist geschrieben: „Haec est in nostro vetus agro tumba reperta' (ein Hexameter) „nono Kalend[as] Februas' (also 24. Januar).

AVREL.MARIA ⁊. AVR.AFI(!)	Aureliae Mariae Aurelia Afra
FILIA·ET AVRLA · QV//RINA·BELINA·	filia et Aurelia(e) Quirina, Bellina,
PACATA·NEPTES·CVRANTE	Pacata neptes, curante Priscinio
PRISCNIO.FLOR).VETERANO	Floro veterano, heredes faciendum
5 HERED.F / C	curaverunt.

Beachtenswerth sind die Punkte, welche zum Theil unten an der Linie stehen, statt wie gewöhnlich in der Mitte; ferner die Punkte über der Linie zur Bezeichnung des I (in der Abschrift bei Lamey, Mscr. 2, sogar auf allen I). Wahrscheinlich ist die Inschrift restaurirt, wie Nr. 84, was in dem weichen Material besonders leicht war. Dafür spricht auch die mehr moderne Form der Buchstaben F, E, P und M. — Der Name Maria ist nicht nothwendig christlich; er kann auch. Fem. von Marius sein. Bemerkenswerth ist,

---

*) Lamey, Mscr. 2 hat eine ohne Zweifel verschönernde Zeichnung des vollständigen Sarkophags mit dachförmigem Deckel, auf dessen vier Enden Köpfe von Genien stehen. — Was derselbe übrigens acta Pal. III 78 sagt: „Benradae — effossus est an. 1671, die 1. Febr.', ist nach dem Obigen unrichtig. Die Bemerkung aber, welche Brambach aus Lamey anführt, bezieht sich auf Nr. 82 = Br. 294.

dass hier die Tochter und die Enkelinnen den Geschlechtsnamen der Mutter und Grossmutter, Aurelia, führen; denn das dritte Aurelia gehört ohne Zweifel als Geschlechtsname zu allen drei folgenden cognomina, wenn es auch nicht wie gewöhnlich im Pluralis steht. — Mit curante oder curam agente wird häufig die Person eingeführt, welche die Leitung eines Bauwesens u. dgl. übernommen hat.

Crombach, ann. metrop. Col. Agripp. fol. 75 b *(Br.)*. Aldenbrück, de relig. antiq. Ubiorum (1749) I 33, II 94 *(Br.)*. Lamey, Mer. 2 (It. lit. 1768) m. Abb., und acta Pal, III 73. Materialien z. geist- u. weltl. Statistik des niederrhein. und westph. Kreises (1781) I 8, S. 183 *(Br.)*. Hüpsch 1 16, 55. Minola, Uebersicht dessen was sich am Rheinstrom Merkw. ereignet (1816) S. 318. Fiedler, N. Mitth. des Thür.-Sächs. Vereins I 3 (1834) S. 91 *(Br.)*. Steiner A 688, B 1247. Rein, d. Röm. Stationsorte u. Strassen zwischen Col. Agr. u. Burginatium (1857) 18, 5 *(Br.)*. Bramb. 265.

Godramstein (vgl. 11. 18. 72).

74. Vierseitiger Altar ohne Inschrift, 1767 *(T.)* nach M. gebracht. — H. c. 95, Br. c. 62, D. 56. Röthlichgelber Sandstein.

Auf den vier Seiten: 1. Vorn **Fortuna**, stark beschädigt; mit langer Tunica, das Obergewand l. vom Arm herabhängend; der r. Arm hält ein Steuerruder. 2. Links **Mercur**, ebenfalls stark beschädigt; am Kopfe Flügel, die Chlamys von der l. Schulter herabhängend; in der Linken der Schlangenstab, die Rechte nach u. ausgestreckt (o. Zw. mit dem Beutel); u. der Bock, o. der Hahn. 3. Hinten **Mars**, mit dem Helm auf dem Haupte, die erhobene Rechte auf die Lanze gestützt; von der Brust an abwärts alles weggeschlagen. 4. Rechts **Victoria**, in lebhafter Bewegung, geflügelt, mit stark flatterndem Gewand und reichem Lockenschmuck; in der vorgestreckten Rechten einen Kranz mit Bändern, in der Linken einen Palmzweig tragend; der r. Fuss keck vorschreitend auf eine Kugel gestützt. Gute Arbeit.

Erwähnt von Lehne I 205, 52 *(Christ)* und von Hefner [3] S. 306, Nr. 37.

Godramstein (I [*]).

75. Vierseitiger kleiner Altar ohne Inschrift. — H. c. 68, Br. 45, D. 36. Röthlicher Sandstein.

Auf den vier Seiten: 1. Vorn **Juno**, mit dem Schleier, in der L. das Scepter, in der R. die Schale, o. r. auf einer Console der Pfau. 2. Links **Mercur**, mit Flügeln an Kopf und Füssen; l. die Chlamys und der Schlangenstab, r. der Beutel. 3. Hinten **Hercules**, nackt, l. die Löwenhaut (und Hesperidenäpfel?), r. die Keule. 4. Rechts **Minerva**, r. die Lanze, l. o. die Eule, u. der Schild. — Alle vier Figuren sind stark beschädigt.

Angeführt bei Hefner [3] S. 306, 38.

Mainz.

76. Grosser, altarähnlicher Stein, mit einfacher Basis und Krönung, ohne Zweifel Gestell einer Statue der Fortuna, von deren Befestigung sich noch einige Spuren finden; entdeckt 1632, als Gustav Adolf die Stadt befestigen liess, in dem Bienengarten oben auf

---

[*]) Dieser Altar ist zwar auf 74 aufgemauert, aber daraus kann nicht geschlossen werden, wie Christ thut, dass auch 75 von Godramstein stammt. Vgl. Anm. zu 66.

— 53 —

dem Albansberg *(Fuchs)*, von da*) 1766 *(T.; Fuchs:* 1767) nach M. gebracht. H. 140, Br. 90, D. 75; Inschriftplatte 100, 80, 70. Das Denkmal besteht aus Syenit vom Felsberg, wie die Säulen im Heidelberger Schloss, die aus dem Ingelheimer Palaste stammen; vgl. Häffelin, acta Pal. IV p. hist. 85. Cohausen und Wörner, röm. Steinbrüche auf dem Felsberg an der Bergstrasse (1876) S. 37. 43.

```
       PRO·SALVTE · IMP · M · AV
       REL·////////////ANTONN
          PII·FELICIS
       FORTVNAE  REDVCI
5      LEG·XXII PR·P·F·C·GENTI.
       IVS·VICTOR·VET·LEG·
       XXII·PR·P·F·MHM·NEGOT
       IATOR·GLADIARIVS
       TESTAMENTO·SVO·FIERI
10     IVSSIT · AD H S N · VIII · MIL
```

Pro salute Imperatoris Marci Aurelii [Commodi] Antonini Pii Felicis, Fortunae Reduci legionis vicesimae secuudae primigeniae piae fidelis, Caius Gentilius Victor, veleranus legionis XXII pr. p. f., missus honesta missione, negotiator gladiarius, testamento suo fieri iussit, ad (adiectis?) sestertiorum numorum octo milia (milibus?).

Die Schrift ist schön und regelmässig. Z. 3 ist das zweite I höher. — Der Name Commodus wurde nach des Kaisers Tod auf allen Denkmälern getilgt, vgl. Nr. 7. Jedoch sind hier noch Spuren von DI sichtbar. Die Beinamen Pius und Felix zusammen führte eben Commodus zuerst. Die Art wie dieselben auf unserm Stein hervorgehoben sind, zeigt nach Lameys guter Bemerkung etwas noch Neues und Ungewohntes an. — Der Fortuna Redux wurde ein Altar geweiht nach der glücklichen Rückkehr des Augustus aus dem Bürgerkrieg; so haben wir auch hier an die Rückkehr der 22. Legion (vgl. Nr. 5) aus glücklichen Kämpfen zu denken. Vielleicht war sie bei dem Kriege des Clodius Albinus gegen die Friesen betheiligt, der in die frühere Zeit der Regierung des Commodus fällt (Capit., Clod. Alb. 6). — missus honesta missione »ehrenvoll (aus dem Kriegsdienst) entlassen.« Dies geschah bei den Legionen in der Regel nach 20 Dienstjahren. Unser Veteran blieb nach seiner Entlassung beim Waffenhandwerk: er wurde negotiator gladiarius, d. h. Schwerthändler. So kommt auch vor: neg. paenularius, Händler mit Reisemänteln (in Rottenburg Br. 1628) u. dgl. — H S, eigtl. II S = duo (asses) semis oder semis-tertius, d. h. drittbalb As, ist das gewöhnliche Zeichen für einen sestertius und wird hier noch durch den Beisatz N = numus von dem sestertium (= 1000 sestertii) unterschieden. Ein sestertius betrug etwa 17 Pf., also 8000 ungefähr 1360 M. Das vorangehende AD wird von Fuchs und Lamey als Abkürzung von adiectis genommen, also: »mit Beifügung von 8000 Sest.«; man wird aber besser erklären: » bis zu (ad) 8000 Sest.«, d. h. so hoch sollte nach seinem Testament der Aufwand hiefür sich belaufen dürfen.

Hiegel, collect. I 6 *(Fuchs)*. Donii inscript. antiq. III 77, 132 *(Br.)*. Montfaucon, suppl. IV 27. Tab. XIII *(Christ)*. G. Chr. Joannes, res Moguntiacae, tomus novus (III) p. 342 *(Christ)*. Eckhart, de Apolline Grauno p. 16 *(Br.)*. Mur. 216, 4 = 955, 3. Lamey, Macr. 2 (It. lit. 1764, Nr. 20), und acta Pal. II 115—141 m. Abb. Fuchs I 49, 27 m. Abb. (lat. 53, 27), vgl. II 396. Hüpsch I 53, 31. Or. 4247 (cf. Henzen). Wiener, de leg. Rom. XXII p. 110. Lehne I 370, 124. Steiner A 409, B 364. Bramb. 1076. Willmanns 2584.

---

*) Eine Zeitlang war auf diesem Altar der Grabstein Nr. 39 gesetzt (s. dort), was zu Vermengungen und Verwechslungen Anlass gab (vgl. Fuchs I 48. 59).

Godramstein (vgl. 11. 18. 72. 74).

77. Vierseitiger Altar ohne Inschrift, 1767 *(T.)* nach M. gebracht. — H. 92, Br. und D. c. 60. Röthlicher Sandstein.

Auf den vier Seiten: 1. Vorn Mercur, nackt; die Chlamys l. über Schulter und Arm herabhängeud, der l. Arm aufgestützt, das l. Bein über das r. gestellt, also in ausruhender Haltung; r. o. auf einer Console der Hahn, l. u. ein sitzender Hund. (Die r. Hand zerstört). 2. Links ein Genius, mit lockigem Haar und diademartigem Kopfschmuck; zwei Füllhörner in der Linken, mit der Rechten libirend, wie sonst Juno; der Mantel hinten von der Schulter herabhängend und vorn über das r. Bein wieder zum l. Arm heraufgezogen; Stiefel bis zur Wade. 3. Hinten eine geflügelte Victoria, auf einen Schild schreibend, den l. Fuss auf eine Kugel setzend. 4. Rechts Mars, mit Helm und Panzer, in der Rechten der Speer; die Linke (nach Christ) auf den Schild gestützt. (3 und 4 fast ganz zerstört). — Der Hund als Begleiter Mercurs (vgl. 63) kommt auch auf dem von Lehne Tab. IV 8 abgebildeten Stein Nr. 57 aus Kostheim vor (Christ) und ist wohl auf dessen Bedeutung als Hirtengott zurückzuführen. — Das Füllhorn und die Schale zur Libation sind gewöhnliche Attribute des Genius. Wenn dieser opfernd dargestellt wird, so ist dies ein Symbol der Frömmigkeit des Menschen selbst, »dessen ideale Seite gleichsam in dem Genius (bei Frauen in Juno) göttliche Individualität gewonnen hat.« Preuner, Hestia-Vesta 228.

Lamey erwähnt den Stein acta Pal. II 10 und III 176, wo er auch den Genius abbildet (Fig. 3). Lehne hat ihn I 340, 115. Hefner ³ S. 306, Nr. 39. (Gräff verwechselt ihn mit 67).

Stocksberg bei Stockheim (württ. Oberamt Brackenheim).

78. Vierseitiger Altar ohne Inschrift, in der Mitte zerbrochen; vorzeiten in dem Schloss Stocksberg eingemauert *(Sattler)*, 1764 *(T.)* nach M. gebracht. — H. 71, Br. und D. 46. Grauer Sandstein.

Auf den vier Seiten: 1. Vorn Juno, mit Schleier und langem Gewand; die acerra in der L. und die Schale in der R., darunter ein Opferaltar, neben diesem der Pfau. (Der Kopf der Göttin ist sehr misslungen). 2. Links Vulcan, mit reichem Haupthaar, aufgegürtetem Arbeitsrock und Stiefeln; die R. ist mit dem Hammer gesenkt, die L. hält die Zange empor, darunter der Ambos. 3. Hinten Hercules, nackt, mit der Keule in der R. und den Hesperidenäpfeln in der L.; r. oben der Köcher über der Schulter sichtbar, links ein Rindskopf. Letzteres Attribut könnte sich auf die Ueberwindung des kretischen Stiers beziehen, wahrscheinlicher aber auf die Rinder des Riesen Geryon, die Hercules von dem okeanischen Eiland wegtrieb, wie ja die Hesperidenäpfel auch auf seine Kämpfe im fernen Westen hindeuten. 4. Rechts Minerva, mit Helm und langem Gewand; auf der Brust das Medusenhaupt, in der r. Hand der Speer, l. der Schild, l. o. die Eule. Die Arbeit ist roh. — Man bemerke, dass die Reihenfolge der vier Götter hier eine andere ist als Nr. 67 (Christ).

Sattler, Gesch. Würtembergs unter den Grafen III (1777) Vorrede, Taf. 3. (Lamey) acta Pal. II 45. Tab. III 2 (nur Juno). Stälin, Würt. Jahrb. 1837, I 161. Preuner, Hestia-Vesta 226, A. 4.

Remagen (?).

79. Untertheil eines kleinen Altars; »aus Neumagen 1784« *Gräff*, ,sine dubio Rigomagi reperta' *Bramb.*; Lamey erwähnt nichts davon. — H. noch 80 (Basis 19), Br. und D. an der Basis 46, in der Mitte 31. Grobkörniger Sandstein.

```
  AIOLINI·
  V·S·L·M·
  PRO·SE·ET
5  SVIS·
```
.... Aiolini (?) votum solvit libens (solverunt libentes?) merito pro se et suis.

Becker las Apolini = dem Apollo; da aber über Z. 1 kein Raum mehr ist, ausser auf der (verlorenen) Krönung, so müsste der Name des Dedicanten dort gestanden haben, vor dem der Gottheit, was nicht wohl angeht. Eher lässt sich denken, dass auf dem Gesimse nach der Gottheit der Name des Dedicanten folgte, und dass zu Aiolini ‚filius' zu ergänzen ist, oder dass Aiolini Nom. Plur. ist, ähnlich wie Travini 18. Christ verwirft die Lesung Apolini entschieden, hält jedoch Atolini für möglich. — Die Schrift ist sehr roh.
Steiner B 1637. Bramb. 648. Becker, B. J. 44—45, S. 254. Haug 153.

Neuburg an der Donau.

80. Grabstein, am Eck der St. Martinskapelle eingemauert (*Anon.* bei Reisach); 1769 *(T.)* nach M. gebracht. — H. 75 (Inschr. 49), Br. 116 (Inschr. 73), D. l. 59, r. nur 26. Kalkstein.

```
  SEX·NANT·SECVN
  DVS·CIV·TREVŤ·
  V·A·LXXXX·NAN
  N·AMMAVOS·LIB
5 ET·HER·F·C·
```
Sextus Nantius Secundus, civis Trevir, vixit annos nonaginta. Nantius Nammavos libertus et heres faciundum curavit.

Nach einer Aufschrift am obern Rande ‚renov. 1731' sind die Buchstaben aufgefrischt worden, wie es scheint richtig, ausser Z. 2 Ende, wo es wahrscheinlich hiess TREVR, und Z. 4, wo nach N fälschlich ein Punkt gesetzt wurde (Mommsen). Z. 1 ist T etwas höher und nicht mit N ligirt (CIL hat unrichtig die Ligatur). Die Abschriften stammen alle aus der Zeit nach 1731. — Freigelassene nahmen in der Regel das praenomen und nomen ihres Herrn an; hier steht wenigstens das nomen Nantius, dabei dann der Sklavenname Nammavos.

Pococke p. 119 (*Mommsen*) Reisach, Pfalz-Neub. Prov.-Bl. II 395, aus einer anonymen Chronik (*Mommsen*). Raiser, Ober-Donaukreis, II Abth. Forts. (1832) S. 53. Ocann, Z. f. AW. 1844, S. 248. Hefner [2] S. 38, 68. Ders., Abh. der Münch. Akad. IV (1846) S. 171, Taf. 1, f. 9 (*Mommsen*). Ders. [3] Nr. 102, Taf. 4, 11 (*Mo*). Steiner B 2538. Mommsen, CIL. III 5901.

Jülich (?).

81. Grabstein, nach Hüpsch I 43 von Blankenheim; „Juliaci ad domum coronae lapis hic erectus cernitur" *Crombach;* „in muro deversorii ab Eugenio principe nuncupati hic titulus extabat" *Lamey;* 1769 *(T.)* nach M. gebracht (vgl. 69). — H. 50, Br. 63, D. 20 (?). Feinkörniger grauer Sandstein.

Die Schrift ist schön und regelmässig. Das zweite I Z. 1 ragt hervor. — MARI fasste ich früher als Schreibfehler für matri; allein wahrscheinlicher ist mir jetzt (nach Lamey),

```
AQVILEIAE
LEFAE · MARI
SOLLEMNIS
ET · SEVERVS
5 FIL·ET·H·F·
```
Aquileiae Lefae Mari(i) Sollemnis et Severus filii et heredes fecerunt.

dass Mari(i) als gemeinsames nomen zu den zwei folgenden cognomina gehört (wie Nr. 2. 15 und sonst).

Crombach, ann. Col. f. 75 (*Br.*). Schannat, Eiflia illustrata, ed. Bärsch, t. XVII 63, p. 564 (*Br.*). Hüpsch I 43, 22 (Blankenheim) und I 60, 30 (Jülich — e schedis suis). Lamey, Mscr. 2 (It. lit. 1768), und acta Pal. III 76. Donat. 471, 3. Steiner A 706, B 1203. Bücheler, H. J. 25, 141, 7 (*Br.*). Bramb. 597. Haug 152.

Düsseldorf.

82. Grabstein eines Veteranen. „Duesseldorpii in arce ducali muro inserta fuit" *Lamey;* 1769 *(T.)* nach M. gebracht. — H. c. 50, Br. 51—54, D. 15 (?). Marmor.

```
   D     M
P y G R A T I N I
PRIMI · VETR
LEG · XXX V ; \
5   H · F ·
```
Dis Manibus Publii Gratini(i) Primi, vet(e)rani legionis tricesimae Ulpiae victricis, heres faciundum [curavit].

Die Schrift ist sehr schön. Nicht bloss die P, sondern auch die R sind stark offen. Die Punkte sind alle ungefähr wie der auf Z. 2. Am Schluss hat Lamey nach F · noch C gefunden, wenn dies nicht Conjectur ist. — Zu der Auslassung des E Z. 3 vgl. besonders Nr. 46. — Die 30. Legion führte den Beinamen Ulpia von dem Gentilnamen des Kaisers Trajan, der sie errichtete. Sie stand von dessen Regierung (a. 104) bis ins 4. Jahrhundert in Untergermanien (Bramb. praef.).

Lamey, Mscr. 2 (It. lit. 1768), und acta Pal. III 74. Donat. 471, 5. Steiner A 694, B 1245. Osann Z. f. AW. 1844, S. 248. Wilhelmi, Panorama von Düsseldorf, S. 2 (*Br.*). Oligschläger, B. J. 5—6, 240. Ring I 354. Bramb. 294. Haug 151.

Godramstein (vgl. 11. 18. 72. 74. 77).

83. Vierseitiger Altar, bei der alten Pfarrkirche gefunden, solutus ad portam *(Lamey);* 1767 *(T.)* nach M. gebracht. H. 142, Br. 47, D. 43. Gelblichgrauer Sandstein. — Der obere Theil, 31 cm. hoch, trägt vorn die Inschrift, auf den drei andern Seiten Akanthusblätter, nach schönem Muster gearbeitet.

```
I · O · M ·
MANSVETVS ·
NATALIS ·
V · S · L · L · M ·
```
Jovi optimo maximo Mansuetus Natalis (filius?) votum solvit laetus lubens merito.

Die Inschrift hat schöne, regelmässige Züge. Sie ist wahrscheinlich durchaus punctirt; nur sind die Punkte am Ende von Z. 1 und 3 unsicher (Christ). — Mansuetus kann hier statt eines nomen gentile stehen (vgl. Bassiana Materna 31); man könnte aber auch Natalis als Genetiv fassen und filius ergänzen (vgl. Cambo Justi 9, Bellanco Gimionis 27), wiewohl hier allerdings der Deutlichkeit wegen f(ilius) nicht fehlen sollte.

Der untere Theil, 111 cm. hoch, enthält vier Gottheiten in Relief: 1. Vorn Juno, mit Schleier und langer Tunica; das Obergewand lässt den r. Arm und die r. Brust frei und fällt über den l. Arm herab; in der L. die acerra, in der R. die Opferschale, darunter ein flammendes Altärchen; r. oben auf einer Säule der Pfau. 2. Links Mercur, am Kopf geflügelt; in der L. der Schlangenstab, in der gesenkten R. der Beutel; die Chlamys fällt über den l. Arm herab; r. u. Hahn und Schildkröte. 3. Hinten Hercules, nackt; l. hängt die Löwenhaut herab; in der L. die Hesperidenäpfel, die R. auf die Keule gestützt; r. o. ragt Köcher und Bogen über die Schulter hervor. 4. Rechts Minerva, mit dem Helm auf dem Haupte; Gewandung wie bei Juno; die erhobene Rechte hält die Lanze; das l. Bein ist vor das r. gestellt (wie bei Mercur Nr. 77), mit dem l. Arm stützt sie sich auf den Schild; l. u. die Eule.

Lamey, acta Pal. II 9, Tab. I 1—4. Lehne I 107, 4. Steiner A 191, B 770. Hefner ? 8. 19, 9. Ders. ³ S. 28, Nr. 2. Bramb. 1810. (Schöpflin I 449 ist = Br. 1856). Haug 168.

Neuburg (vgl. 80).

84. Grabstein, neben dem Thor (*Peut.*), „ad ingressum portae urbis parte sinistra' (*Boiss.*) gefunden; nach der Vermuthung Aventins von einem der nahen Castelle Kaisersburg oder Altenburg stammend; 1769 (*T.*) nach M. gebracht. Auf der r. Nebenseite ein sehr verstümmeltes Reliefbild, wahrscheinlich wie 61 a ein sogenanntes Todten-Mahl darstellend. Man sieht noch eine liegende männliche Figur; r. oberhalb derselben ist ein dicker Henkelkrug, l. u. ein Tisch mit zwei Bechern zu erkennen. Auf der l. Nebenseite eine Nische. — H. noch 74, Br. 118, D. (noch ?) 49. Kalkstein.

```
         D       M
    TIB CASSIO CONSTANTINO IVNIO
    RI MISERRIMO QVI VIXIT ANNOS III M
    IIII D XXII FECIT TIB CL CONSTANTINVS
5   PATER FILIO DVLCISSIMO AQVO SIBI FACI
    ENDVM OPTAVERAT ET CASSIAE VERAE
    MATRI EIVS ET CLAVDIS IANVARIO
    VICTORI ET MARCELLINO LIBERTIS
    FIDELISSIMIS VIVIS FECIT ITEM FIDELI Q
10  VONDAM ET GAIO ET MODESTO SVIS RA
    RISSIMIS
```

PERPETVA//SECVRITAT

Dis Manibus. Tiberio Cassio Constantino iuniori miserrimo, qui vixit annos tres, menses quatuor, dies viginti duos, fecit Tiberius Claudius Constantinus, pater filio dulcissimo, a quo sibi faciendum optaverat, et Cassiae Verae, matri eius, et Claudi(i)s Januario, Victori et Marcellino, libertis fidelissimis vivis, fecit, item Fideli quondam et Gaio et Modesto, suis rarissimis. Perpetuae securitati.

a quo — optaverat, d. h. der Sohn hätte den Vater begraben sollen, statt umgekehrt. Aehnlich sonst: aequius fuerat vos mihi fecisse. — Der hier begrabene Sohn war ohne Zweifel ein jüngerer, weil er den Gentilnamen der Mutter führt, nach der in späterer Zeit aufgekommenen Sitte (vgl. 73). Ausserdem ist das Grabmal geweiht der Mutter Cassia Vera, drei noch lebenden Freigelassenen, Claudius Januarius, Cl. Victor und Cl. Marcellinus, und endlich drei Sklaven, dem verstorbenen Fidelis (quondam = »weiland«), dem Gaius und dem Modestus. — Von perpetuae securitati sind nur noch die Köpfe der Buchstaben erhalten. Diese Formel (= »der ewigen Ruhe«) steht hie und da neben D·M·, so z. B. auf dem Sarkophag Bramb. 1806.

(Peutinger) Rom. vetust. fragm. in Aug. Vind. et eius dioecesi rep., cod. 527 f. 55, ed. Aug. 1505 f. 7, ed. Mog. 1520 f. 11; nach ihm Ligorius Taur. 3 und Velserus, ed. 1590 f. 22, ed. 1594 p. 256. Aventinus, vet. Rom. f. 3'. 4, ed. 1554 p. 108. Apian. 414, 1 (nach ihm Smetius 170, 3). Panvinius, cod. Vat. 6036 f. 16'. Metellus, cod. Vat. 6039 f. 457. Boissard mscr. (cod. Paris. S. Germ. 1078) p. 529 (bis hieher nach Mommsen). Grut. 536, 1 ,ex Avent. et Vels.'; ders. 675, 1 ,ex Apiano et Morillonii schedis'. Gewold, delineatio Norici (Ingolst. 1619) p. 35 (Steiner). Schöpperlin, v. der Teufelsmauer (1737) S. 109 (St.). Hanselmann, Fortsetzung des Beweises S. 39 (St.). Dielhelm, Antiq. des Donaustromes (1785) I 151. Lamey, acta Pal. VI 90. Anonymus bei Reisach, Pfalz-Neub. Prov.-Bl. 2, 393 (M.). Raiser, Oberdonaukreis II Abth., Forts. (1832) S. 53. Hefner, Abh. der Münch. Akad. IV (1846), S. 168, T. I 8 (M.). Ders., röm. Bayern ² S. 35, 22; ebd. ³ Nr. 223, T. 4, 8. Steiner B 2542. Mommsen, CIL III 5890.

Neckargemünd.

85. Grabstein, 1770 gefunden und in demselben Jahr (T.) nach M. gebracht. Platte aus rothem Sandstein, o. mit einem (verstümmelten) Dreieck. H. noch 96, Br. 86, D. 21.

```
    D     M
  PHTOATICI A LXXX
  HT MIIDDIKII
  CONIVCI ALX
5 FORTIO IILIVS
    F     C
```

Dis Manibus. Petoatici, annorum octoginta, et Meddil(a)e coniugi, annorum sexaginta, Fortio (A)elius faciundum curavit.

Die Schrift hat eigenthümliche Formen: alle Spitzen an den Buchstaben fehlen; besonders ist zu bemerken H = E, A = A, L und F mit schiefgestellten Querstrichen, und G (der diakritische Strich horizontal statt senkrecht). — Statt Elius = Aelius wurde schon filius vermuthet; allein es kommt auch sonst vor, dass das nomen gentile dem cognomen nachsteht. Beachtenswerth sind die Namen Petoatix, Meddila und Fortio; vgl. Meddillius auf der Murrhardter Inschrift Bramb. 1569, Fortio auf der Osterburkener Inschrift Br. 2067a (Christ, Archäol. Z. 1869, S. 75 f.).

Lamey, acta Pal. VI 83 mit guter Abbildung. Nach ihm Kopp, Palaeogr. I 84 (Christ). Jäger, Neckargegenden 198. Creuzer, altr. Cultur 52. 101. Fecht, bad. Landeskunde II 55. Stälin 157. Wagener 458 (Chr.). Rapp. 63. Zell, übers. Darst. 44. Steiner B 910. Fickler-Christ 21. Bramb. 1718. Christ, monum. p. 16, Nr. 14.

Ladenburg. Wahrscheinlich aus Mainz stammend.

86. Grosser Altar, von welchem jedoch nur die r. Hälfte erhalten und auch diese o. und u. stark beschädigt ist. ,Istic' (in Ladenburg) ,olim effossus in arce ibi episcopali etiamnum visitur' (Freher); wahrscheinlich von dem Bischof Johann v. Dalberg, einem eifrigen Humanisten, der um 1500 längere Zeit in Ladenburg residirte, aus Mainz dahin gebracht. *)

---

*) Ein Manuscript im Archiv zu Worms, das mir vor längerer Zeit zu Gesichte kam, sich aber nun nicht mehr daselbst befinden soll, theilt diese Nachricht mit". Lehne. — Ich erkundigte mich vor einiger Zeit demselben, bekam aber bis jetzt keine Antwort.

Seit 1763 (T.) in Mannheim. — H. 140 (vorn noch 82), Br. noch 45, D. 74. Auerbacher weisser Marmor (vgl. Cohausen und Wörner, röm. Steinbrüche auf dem Felsberg S. 39).

```
    N  ı
   IVNONIR
   MINERV\I/
   BVSQVEIMı
 5 SALVTEETIN
   DD·NOSTRO
   MAXIMIAN
   AVGVSTOR\
   ΓΙ MAXIMIA
10 CIVITAS MO(
   ˉVREl,I(LA\
    ˄ SKAL
```

In h(onorem) d(omus) d(ivinae). J(ovi) o(ptimo) m(aximo), Junoni Reginae, Minervae, ceteris (?) dis deabusque immortalibus pro salute et incolumitate d(ominorum) nostrorum, Diocletiani et Maximiani, perpetuorum (?) Augustorum, et Constantii et Maximiani, nobilissimorum (?) Caesarum, civitas Mogontiacensium cur(ante A)elio Lau .... consulibus (?) Kalendis (?) ...

Die Buchstaben von Z. 1 waren viel grösser und weiter gestellt; doch ist wahrscheinlich, dass Z. 1 noch I. O. M. stand. Jupiter, Juno, Minerva bildeten ja »eine Art von höchstem Ausschuss der himmlischen Götterwelt: die höchste Macht, die höchste Weiblichkeit, die höchste Weisheit« (Preller, röm. Mythol. 58). — Dass Z. 4 nicht imperii gelesen werden kann, zeigt der schiefstehende Ansatz des Buchstabens nach M, also wohl: immortalibus. — Der Titel dominus, von Augustus und Tiberius verbeten, kommt auf einer Inschrift zuerst bei Domitian vor, officiell aber erst seit Diocletian (so Zell, röm. Epigr. 220). Im Jahr 285 erhob Diocletian den Maximianus (Herculeus) zum Mitherrscher für die Regierung des Westens. Im Jahr 293 ernannten sie noch zwei Cäsaren, Galerius Maximianus und Flavius Constantius (Chlorus) und theilten das Reich in vier Theile; Gallien, Germanien, Britannien fiel dem letzteren zu. Diese Ordnung bestand bis 305. Genauer aber lässt sich das Jahr unseres Steins nicht bestimmen, da die Consulsnamen nicht erhalten sind. Man kann an die Zeit denken, als Constantius die Alemannen bei Langres und nachher bei Vindonissa besiegt hatte (das Jahr ist ungewiss), oder an die Zeit, da die beiden Augusti einen glänzenden Triumph über alle Feinde des Reiches feierten (a. 303). Dieses wichtige Fest wurde gewiss in allen bedeutenden Städten öffentlich gefeiert. — Ob die civitas Mogontiacensium auf das rechte Ufer des Rheins herüberreichte, ist sehr fraglich; dort finden sich die civitas Mattiacorum und die civ. Taunensium. Jedenfalls aber gehörte Ladenburg nicht zur civ. Mog., sondern zur civ. Nemetum (vgl. zu 19). Aus diesem Grund ist es nicht möglich, dass unser Altar in Ladenburg errichtet war; vielmehr, wenn die civ. Mog. einen solchen weihte, so geschah das sicher auf ihrem eigenen Gebiete, höchst wahrscheinlich in der Hauptstadt Mogontiacum selbst. Dazu kommt noch, dass zur Zeit Diocletians die rechtsrheinische Land nicht mehr römisch war, wie denn auch die letzte datirbare rechtsrheinische Inschrift, abgesehen von Rätien, in die Zeit der Philippi fällt. — Z. 11 f. wurde sehr verschieden gelesen; Schöpflin: aVRELIO E Annibaliano coss., Grotefend: c(uram) a(gente) aVRELIO FLAViano, Lehne: aVRELIO E AVrelio augg. VIII et VII coss. (a. 303), Christ: CVR(a) ELI (= Aelii) CLAVdiani, oder CVR(ante) ELIO LAVino (Lauro, Laurentino?). Der erste Buchstabe von Z. 11 muss allerdings C und nicht A gewesen sein; doch ist keiner der darauf gebauten Erklärungsversuche ganz befriedigend und bei der Unsicherheit mehrerer Buchstaben vielleicht nie vollkommene Klarheit zu erlangen. — Z. 10 ist das erste I höher.

Leodius, de Heid. antiq. (1624) p. 296 (auch bei Freher, orig. Pal. und bei Reinhard, rer. Pal. script. I 432 *Christ*). Freher² p. 31, ³ p. 51 (auch bei Reinhard I 79 *Chr.*). Grut. 24, 8 ‚ex Th. Leodio'. Zeiller-Merian, Bschr. der unt. Pfalz am Rhein (1645) S. 53. *(Freher)*. Kayser 5 f. Cullmann 101 f. Tab. II 2. Lamey, Mscr. 1. Schöpflin, acta Pal. I 183—192 m. Abb. Donat. 469, 12. Hansselmann, Beweis 235 (*Chr.*), Fuchs I 20, 7 (lat. 22, 7). Andreae, Lupod. Palat. (1772) p. 9 f. (*Chr.*). Dielhelm ² I 185. Kümmerer, Ladenburg (1789) S. 11 (*Chr.*). Wundt, Gesch. u. Beschr. d. St. Heid. (1805) S. 8. Schmidt, Gsch. v. Hessen (1818 f.) II 324 f. (*Chr.*). AL Schreiber, Heidlbg. 230 (*Chr.*). Creuzer, altröm. Cultur 57. 106. Lehne I 402, 133. Grotefend, Z. f. AW. 1838, S. 126. Steiner A 496, B 384. Stälin S. 31, A. 2. Wagener 385 (*Chr.*). Schuch, pol. und KGesch. v. Ladenburg (1843) S. 63. Rapp. 53. Zell, übers. Darst. 36. Ders., delectus 313. Ring II 57. Fickler-Christ 12, e. Bramb. 1281 (cf. Add.). Stark, Ladenburg S. 7 f.

Heiligenberg bei Heidelberg (vgl. 14. 19).

87. Ein vierseitiger Altar, in der Kapelle des hl. Stephan als Weihwasserbecken verwendet, weil er oben ein wenig ausgehöhlt ist *(Freher)*, dann aber nach Handschuchsheim versetzt *(Cullmann)*, wo Beyell 1533 ihn abschrieb (»in Henschessen«), von dort auf das Heidelberger Schloss gebracht *(Freher)*, endlich 1763 *(T.)* nach M. — H. 90, Br. 56, D. 45. Rother Sandstein.

1. Auf der Vorderseite steht die Inschrift, mit einem Eichenkranz umgeben, unter welchem ein Adler mit ausgebreiteten Flügeln als Attribut Jupiters in Basrelief abgebildet ist. 2. Links Fortuna (stabilis oder manens nach Lamey), mit dem umgekehrten Steuerruder, auf das sie die l. Hand stützt; die r. hält das Obergewand, welches hinten herabfällt und vorn nur die Beine bedeckt; das Unterkleid ist unter der Brust gegürtet. 3. Hinten Vulcan, bärtig, in hochgeschürzter Tunica, welche Brust und Arme frei lässt; auf dem Haupt die gewöhnliche Mütze, an den Füssen Stiefel; in der L. die Zange, in der R. der Hammer, zu seinen Füssen l. der Ambos. (Die Inschrift ‚deo Volkano', von welcher Aeltere berichten, ist nicht vorhanden und stand ohne Zweifel auch nie da). 4. Rechts eine geflügelte Victoria, welche (wie 17. 77) mit der r. Hand auf einen Schild schreibt, während die l. auf dem obern Rand desselben ruht. Der Schild steht auf einem umgekehrten Steuerruder und der l. Fuss der Göttin auf einer Kugel. Das Gewand bedeckt nur die Beine; das Haar ist in einen Knoten geschürzt. — Die Arbeit gehört zu den besseren.

```
    I · O · M ·
  IVL · SECW
  DVS · ET · IVL|IV
    IANVRVS
5   FRATRES
    V·S·L·L·M
```

Jovi optimo maximo Julius Secundus et Julius Januarius fratres votum solverunt laeti lubentes merito.

Z. 3 stehen die Buchstaben IV auf dem Kranz und sind vielleicht später hinzugefügt; Beyell, Freher und Gruter haben sie nicht. Doch ist zuzugeben, dass der Schriftcharakter dem der übrigen Inschrift entspricht. Z. 5 f. haben ziemlich kleinere Buchstaben. — Lamey betrachtet den Eichenkranz als corona civica und nimmt daher an, dass die Widmung des Altars sich auf die Rettung römischer Bürger beziehe; die Schönheit der Arbeit aber weise spätestens auf das zweite Jahrhundert hin, und so falle der Stein wahrscheinlich in die Zeit Marc Aurels, als Victorinus die Chatten besiegte. Das alles ist sehr unsicher. — Januarius erscheint hier als Beiname: ein Julius Jan. kommt auch Nr. 29 vor.

Beyell bei Barth p. 2428. Freher. orig. Palat. L I c. 4, m. Abb. in d. 1. u. 2. Aufl. Grut. 15, 9.
Gelen, Mscr. auf der öffl. Bibl. in Köln X 19 (Br.). Zeiller-Merian, Bschr. der unt. Pfalz am Rhein (1645)
S. 47. Beger, thesaurus Palat. (1685) 45, 36 m. Abb. (Christ). Kayser 172. Fladt, Probe und Muster
Pfalz. Altrth. (1744) S. 11. Cullmann p. 87 ff. Tab. I. Pococke I 79. Lamey, acta Pal. I 193—200, Tab. I.
Donat. 469, 13. Dielhelm * I 154 f. Wundt, Gsch. u. Bschr. d. St. Heidlbg (1805) S. 9. Al. Schreiber,
Heidlbg. S. 8 (Chr.). Creuzer, altr. Cultur 45. 96. Steiner A 129, B 919. Mühling, Denkw. v. Handsch.
(1840) S. 12. Stälin 161. Wagener 314 (Chr.). Rapp. 44. Zell, übers. Darst. 29. Klng I 268. Fickler-
Christ 7, e. Bramb. 1705 (cf. Add.).*)

Mannheim.

88. Votivstein, Basis einer kleinen Mercursstatue, von welcher noch die
Füsse zum Theil erhalten sind, »Febr. 1844 in einem Hause, welches Kurfürst Karl Theodor erbauen liess, beim Abbrechen eines Feuerherds gefunden« *(Rapp.)*. Ob aber M. der
ursprüngliche Fundort ist, bleibt zweifelhaft. — H. 41, Br. 37, D. 18. Grauer Sandstein.

```
 ˙NIO·MERCVR//
ALA˙NI· IVL· AC///
NIVS·A˙GVSTINVS
EX·V·S·L·L·M·
```
Genio Mercurii Alauni Julius Acconius (?) Augu-
stinus ex voto solvit (soluto?) laetus lubens merito.

Die Schrift ist fein und scharf, aber flach eingehauen. Z. 1 steht auf dem ein wenig
vortretenden Rand. — Genien von Göttern kommen in der Nähe mehrfach vor, so ein
genius Apollinis in Lobenfeld, Br. 1721, ein genius Martis in Deidesheim, Br. 1701, und in
Neuenstadt a. d. Linde, Br. 1611. Dieselben sind wohl für die Repräsentanten der in einem
bestimmten örtlichen Cultus verehrten Gottheit zu halten, welche gleichsam anstatt dieser
Gottheit die Opfer, Gebete und Gelübde der Frommen in Empfang nehmen, also für das
localisirte numen dieser Gottheit. So Preller, röm. Mythol. 74 f. — Mercurius Alaunus ist nach der gewöhnlichen Annahme der Mercur von Alaunium in Gallia Narbonensis
oder von Alauna in Gallia Lugdunensis. Vgl. zu 19. Christ bringt ihn dagegen mit den
Alauni, einem Volksstamm in Noricum, in Verbindung und verweist auf zwei Inschriften
von Salzburg, den Alouni oder Alounae geweiht (Steiner B 2697. 2711 = CIL III 5572.
5581). — Julius erscheint hier schon wie im Vorname vor einem andern. Gentilnamen
Ac..nius, wahrscheinlich Acconius, wie auf einer Inschrift von Speier, Br. 1797 (de Wal:
Acronius); mehr als zwei Buchstaben können nicht fehlen.

Rappenegger, B. J. 5—6, 231 (vgl. Janssen ebd. 7, 169). Ders., d. röm. Inschr. 56. Ders., Schr. d.
bad. Alt.-V. II 280. Zell, übers. Darst. 40. de Wal, mythol. sept. 291. Steiner B 931. Ring I 212.
Henzen 5866. Fickler, Badenia I (1864) S. 337. Fickler-Christ 20, b. Bramb. 1717 (cf. Add.). Haug 163.

Hockenheim bei Speier.

89. Altärchen von graugelbem Sandstein; oben eine runde Vertiefung; der untere
Theil fehlt. »Ungefähr eine Stunde von H., gegen Speier, auf einem sehr ausgedehnten Wiesen-
grund bei Nivellirungen gefunden« (1845 oder 1846) *Rapp*. — H. noch 31, Br. 29, D. 19;
Masse der Inschriftplatte: H. noch 13, Br. 21, D. 10.

---

*) Soweit Gräff. Die folgenden Numern sind theils neuere Erwerbungen (Nr. 88. 89), theils wohl
schon aus früherer Zeit vorhanden, aber wegen ihrer geringeren Bedeutung nicht in den Katalog aufgenommen.

```
I,I T. R //
DOMITA
FACVND
IN( · ??0
```
Mercurio (? Herecurae?) Domitia Facundin(a?) pro (sua suorumque salute?) . . .

Auf dem obern Rand sind nur schwache Spuren einiger Buchstaben sichtbar, die Brambach auf die Göttin Herecura gedeutet hat. Diese kommt in Rottenburg vor (Br. 1638, wahrscheinlich auch 1636 f.), ferner in Sulzbach (Br. 1679), wo sie lateinisch Aericura heisst, d. h. die »geldschaffende« Göttin. Vgl. Mommsen, Arch. Anz. 1865, Nr. 199 ff. S. 88* ff. Becker in B. J. 42, 111. Brambach, Baden unt. röm. Herrsch. 30 f. Einfacher ist es wohl mit Christ an Mercur zu denken. — Z. 4 hält Christ jetzt eher IN /* für das Richtige.

Rappenegger, Schr. des bad. Alt.-V. II 291. Ders., B. J. 10, S. 4. Steiner B 933. Fickler-Christ 3, b. Becker, Nass. Ann. VIII 582, 28. Bramb. 1697 (cf. Add.). Christ, monum. p. 28, Nr. 33. Haug 162.

90. Herkunft und Schicksal unbekannt. Bruchstück eines Grabsteines, auf allen Seiten verstümmelt. — Grauer Sandstein.

```
     M
  NOSE(                [D(is)] M(anibus) . . . . . . . nio Sec[und(in?)]o et coiu[gi eius]
O · T · COI\           . . . . . . Vgl. Haug 173.
```

91. Herkunft und Schicksal unbekannt. Bruchstück eines Inschriftsteines, nach der Grösse der Buchstaben nicht zu 90 gehörend.

```
AIN(
CIE · Γ     Nicht lesbar. — Vgl. Haug 173.
 Γ
```

92 a und b. Zwei kleine Säulenkapitäle von schwärzlicher Farbe, ohne Zweifel nicht römisch, sondern romanisch. Die viereckige Platte hat 24 cm. Seitenlänge (Christ). — c. Der verstümmelte runde Untersatz einer Säule, etwa 30 cm. im Durchmesser (Christ). — Lamey, acta Pal. II 45 erwähnt, als von Hörd stammend und mit Nr. 20 gefunden, fragmentum columnae porphyreticae, cuius diameter VII digitorum (so auch Bavaria, bayr. Rheinpfalz 587 Christ); aber diese Worte passen zu keinem der drei Steine genau.

Anhang.

Erwähnt können noch werden einige römische Inschriftsteine, welche bis jetzt der zweiten Abtheilung des Antiquariums angehörten (vgl. S. 5 u.).

93. Ein Altärchen mit Inschrift vorn und hinten, welche sich aber auf den ersten Blick als unecht kundgibt:

```
MER              MAR
CV               TI         Marti sacrum.
RIO    Mercurio sacrum.
SACRVM           SACRVM
```

Lamey nennt acta Pal. I 179 nach Vonck einen marmornen Altar, bei Nymwegen ausgegraben, mit denselben Inschriften; dieser ist ohne Zweifel identisch mit Bramb. 91, der unsrige aber wohl nur eine schlechte Copie davon, wiewohl auch die Echtheit von Bramb. 91 und 92 zweifelhaft ist. — Unsere Inschrift ist herausgegeben worden von J. Becker, Nass. Ann. VIII 582 (hienach Bramb. p. XXXIV, Ende). Vgl. auch Haug 172.

94. Ein Marmorplättchen mit dem Namen eines Freigelassenen im Genetiv, wahrscheinlich Aufschrift einer Grabnische in einem Familienbegräbniss bei Rom.

```
A · CAECILI     Auli Caecili(i), Auli liberti, Eronis.
   A · L        Am Ende von Z. 1 steht I longum.
 ERONIS
```

Der Freigelassene Ero (vgl. Nr. 52) hat nach der Sitte den Namen und Vornamen seines früheren Herrn angenommen (vgl. 80): **Aulus Caecilius**.

J. Becker, Brambach, Haug an den angeführten Orten.

95. Christliche Grabschrift auf schwarzgefärbtem Kalkstein, in einen Holzrahmen eingefasst, 1780 bei St. Paulin in Trier gefunden *(Becker)*.

```
IVLIA SIB
I ET VIRO S     Julia sibi et viro suo in pace. AΩ. (vgl. Apocal. 1, 8 etc.) —
VO IN PACE      Dabei das Monogramm Christi.
    AΩ
```

J. Becker, Nass. Ann. VII 2, 8. 58, wo die übrige Literatur zu finden ist.

96. Fragment einer Steinplatte mit der Grabschrift eines christlichen Mädchens, wahrscheinlich auch aus Trier *(Becker)*.

```
HIC I
INAPVE          Hic iacet (in pace?) .... ina puella, quae vixit an-
AN · XII D)     nos XII, dies X ... Victorina mater (?) titulum posuit
TORINA          (vgl. 49. 50). — Nach POS ein Palmzweig.
VM POS
```

Zuerst herausgegeben von Becker a. a. O. S. 59. Vgl. Haug 172.

97. Dreieckiges Bruchstück einer christlichen Grabschrift, wahrscheinlich ebenfalls aus Trier *(Becker)*.

```
TITOLV
HVGDVL          Titolum (titulum, vgl. 50. 96) Hugdulfus vi . . . .
FVS VI
  X
```

Zuerst edirt von Becker a. a. O. S. 60, mit Facsimile.

Verzeichniss der Fundorte (oder ersten Aufbewahrungsorte).

I. Grossherzogthum Baden.

Heiligenberg (mons Pirus?) bei Heidelberg 14. 19. 87.
Hockenheim 89.
Ladenburg (Lopodunum) 86 ??
Mannheim 6. 88.
Neckargemünd 85.
Obrigheim 10.
Rohrbach 13.
Seckenheim (Friedrichsfeld) 60 (mittelalterlich).

II. Königreich Württemberg.

Stocksberg, O. A. Brackenheim 78.

III. Königreich Bayern.

1. Schwaben-Neuburg.
Neuburg 80. 84.
Ickstätten 7.

2. Rheinpfalz.
Eisenberg 2.

Godramstein 11. 18. 66 (?). 67 (?). 72. 74. 75 (?). 77. 83.
Hörd 12 (?). 20. 92 (? — romanisch).
Impflingen 9.
Kirchheim a. d. Eck 1.
Wolfstein 16. 55.

IV. Reichsland Elsass-Lothringen.

Neu-Saarwerden 21.

V. Grossherzogthum Hessen.

1. Rheinhessen.
Alzei (vicus Altiaiensium) 35. 37.
Bingen (Bingium) 17.
Mainz (Mogontiacum) 5. 40—47. (51 ? verloren). 52—54. 57. 58. 68 (?). 76. 86 (?).

2. Starkenburg.
Gustavsburg bei Mainz 39. 48. 68 (?).
Waldbullau 22.

VI. Königreich Preussen, Rheinprovinz.

1. Regierungsbezirk Koblenz.
Remagen (Rigomagus) 8. 27. 30.36. 38. 79 (?).
Schwarzerden 62, a.

2. Regierungsbezirk Trier.
Reinsport 15.
Trier 49 u. 50 (christlich). 71 (unecht).

3. Regierungsbezirk Aachen.
Jülich 69. 81 (?).

Rödingen 24—26. 28. 29. 31—34.

4. Regierungsbezirk Köln.
Köln 70.

5. Regierungsbezirk Düsseldorf.
Birten bei Xanten (Castra Vetera) 3.
Düsseldorf 4 (modern?). 82.
Neuss (Novesium) 73.

Unbekannt:
12 ? 23. 51 ? 56. 59. 61, a u. b. 62, b. 63. 64. 65. 66 ? 67 ? 75? 79? 81? 86? 90. 91. 92?

Sachliches Register.*)

I. Personen-Namen.

1. Geschlechtsnamen (nomina gentilicia).

Jul(ius) Ac[co?]nius Augustinus 88.
(A)elius Fortio (in umgekehrter Ordnung) 85.
(A)elius Lau ... ? 86.
M. Aemilius, M. f., Cla(udia), Fuscus, (domo) Savaria 43.
? Aiolini ? 79.
L. Antestius, C. f., Vet(uria), (domo) Placentia 47.
Appius Severus 70.
Appia Verina 70.
Aquileia Lefa 81.
Attonia Selma 55.
Aur(elia) Afra 73.
Aurel(ia) Maria 73.
Aurelia(e) Quirina, Bellina, Pacata 73.
L. Bellonius Marcus 10.
M. Braetius, M. (f.), Stel(latina), (domo) Taurinis 44.
C. Candidius Calpurnianus d(ecurio) 19.
L. Candidiu[s Mer]cator d(ecurio) 14.
Carantius (Quintus?) 55.
Tib. Cassius Constantinus 84.
Cassia Vera 84.
Tib. Cl(audius) Constantinus 84.
Claudi Januarius, Victor et Marcellinus, liberti 84.
C. Cor[nelius?] S... 18.

Docci Aprossus et Acceptus, seviri Augustal(es) 15.
Domitia Facundin[a?] 89.
L. Favouius Seccianus c(enturio) 22.
Fl(avia) Materna 69.
C. Gentilius Victor vet(eranus) 76.
L. Gnatius Mascellio 37.
P. Gratinius Primus vet(e)r(anus) 82.
Jaretius Losunius 62 a.
L. Jucundinius Maximus 36.
[Sex.?] Juliu[s] 18.
Jul(ius) Januarius 29. 87.
Julia Justina 24.
Julia, Vegeti filia, Mandia 33.
Q. Jul(ius) Primus 34.
Jul(ius) Secundus 87.
Sex. Jul(ius) Securus 29.
Q. Jul(ius) Severinus 26.
M. Jul(ius) Valentinus 24.
T. Julius Vitalis 32.
T. Lic(i)nius 40.
C. Lucilius Messor mil(es) 5.
Mari Sollemnis et Severus 81.
Secundus Metilius, M. f., St(e)l(latina), (domo) Taurinis 45.
Sex. Naevius, Sex. f., Trom(entina), (domo) Aquis 46.
Sex. Nant(ius) Secundus, civ. Trev. 80.

---
*) Die Numern 49. 50. 60. 93—97 bleiben ausser Detracht.

Nant(ius) Nammavos lib(ertus) 80.
M. N[ovel]lius Pri[vat]us ? 25.
No[vel]lia Secun[da] 25.
Octavius Curtavius 38.
Paterni [G]ratinus et Te[r?]ens (oder Re[c?]ens) 2.
[P]rimanius Priscus 21.
Primia Accepta 17.
Priscinius Florus veteranus 73.
Privati Secundinus et Tertinus et Con .. nis fratres 17.
Q. Romanius Probus 69.
Secundinia Justina 26.
L. Septumius Florentinus 1.

P. Solius, P. f., Vol(tinia), Suavis, (domo) Viana 48.
Timionia Vittuo 13.
? Travini 18.
C. Tutius, Mani f., (domo) Dansala 40.
C.(?) Val(erius) Tertius (?), bf. cos. 3.
Verecundinia Quieta 70.
C. Vibius, C. f., Volti(nia), (domo) Luco 54.
M. Vitalinius Secundus, bf. cos. 3.
Vitalinius Secundinus Fullo (?) 35.
...... ius Secundus dec(urio) 30.
... nius 28.
... nius Secund[in?]us 90.

2. Römische Beinamen und unrömische Namen.

Acceptus 15.
Accepta (Frau) 17.
Adbogius Coinagi f. (Petrucorier) 42.
Afr[a] (Frau) 73.
Aiassa Siri (f. — Frau?) 56.
? Aiolini (Gen. Sg. oder Nom. Plur. ?) 79.
Aprossus 15.
Arruntio Cur[t?]urionis (f.) 56.
Atto 55.
Augustinus 88.
Bassiana Materna (Frau) 31.
Bass(i)ana Pa(t)erna (Frau) 31.
Bellanco Gimionis (f.) 27.
Bellina (Frau) 73.
Bitus Stac(is?) f. (Thracier) 40.
Calpurnianus 19.
Cambo Justi (f.) 9.
Clemens 56.
Coinagi (Gen. — Petrucorier) 42.
? Commacacue 61 b.
Con .. nis 17.
Constantinus 84 (2 mal).
Coutus Vati f. (Helvetier) 40.
Curtavius 38.
Cur[t?]urio 56.
Cuses Sugent(is?) f. Regus (Rätier) 53.
Elima (Etima?) Solimuti f. (?) 57.
Ero (Iturāer) 52.

Facundin[a?] 89.
Fidelis 84 (Sklave).
Florentinus 1.
Florus 73.
Fortio Elius 85.
Fullo ? 35.
Fuscus 43.
Gaius (eig. praenomen) 84 (Sklave).
Gimio 27.
[G]ratinus 2.
Januarius (eig. nomen) 29. 84 (Freigelass.). 87.
Justina (Frau) 24. 26.
Justi (Gen.) 9.
Lau ... ? 86.
Lefa (Frau) 81.
Losunius 62 a.
Mandia (Frau) 33.
Mani (Gen., Thracier — praenomen?) 40.
Mansuetus Natalis (filius?) 83.
Marcellinus 84 (Freigelass.).
Marcus (eig. praenomen) 10.
Maria (Frau) 73.
Mascellio 37.
Materna (Frau) 31. 69.
Maximus 36.
Meddila (Frau) 85.
[Mer]cator 14.
Messor 5.

Modestus 84 (Sklave).
Nammavos 80 (Freigelass.).
Natalis 83.
Niccus Attonis f. 55.
Pacata (Frau) 73.
Pa(t)erna (Frau) 31.
Petoatix 85.
Primus 34. 82.
Priscus 21.
Pri[vat]us? 25.
Probus 69.
Quieta (Frau) 70.
Quintus (eig. praenomen) Caranti filius 55.
Quirina (Frau) 73.
Re[c]ens? 2.
Regus (Rätier) 53.
Rufus Coutus Vati f. (Helvetier) 41.
Saturnina Caranti fi[lia] 55.
Seccianus 22.
Secundinus 17. 35. 90?
Secun[da] (Frau) 25.
Secundus 3. 30. 45 (als praen.). 80. 87. 90?
Securus 29.
Selma 55.

Severinus 26.
Severus 70. 81.
Sibbaeus Eronis f. (Ituräer) 52.
Siri (Gen.) 56.
Solimarus 39.
Solimuti (? Gen.) 57.
Sollemnis 81.
Stac(is? Gen. — Thracier) 40.
Suavis 48.
Sugent(is? Gen. — Rätier) 53.
Te[r]ens? 2.
Tertinus 17.
Tertins? 3.
Togitio Solimari f. (Lingone?) 39.
? Travini (Nom. Plur.) 18.
Tuto[r?] (Trevirer) 71.
Valentinus 24.
Vati (Gen. — Helvetier) 41.
Vegeti (Gen.) 33.
Vera (Frau) 84.
Verina (Frau) 70.
Victor 76. 84 (Freigelass.).
Vitalis 32.
Vittuo (Frau?) 13.

3. Besonderheiten in der Namenverbindung.

L. Bellonius Marcus 10.
Secundus Metilius 45.
Quintus et Saturnina Caranti filius et fi-
[lia] 55.
Julius Ac[co]nius Augustinus 88.
Julius Januarius 29. 87. .
Claudius Januarius 84.
Jaretius Losunius 62 a.
Octavius Curtavius. 38.

Aurelia Maria 73.
Fortio (A)elius 85.
L. Tuto[r] 71 (unecht).
Bassiana Materna et Bass(i)ana Pa(t)erna 31.
Mansuetus Natalis? 83.
Cuses Sugent. f. Regus 53.
Rufus Coutus Vati f. 41.
Julia Vegeti filia Mandia 33.
Vitalinius Secundinus Fullo (?) 35.

II. Geographisches und Topographisches.

1. Völker und Städte.

col(onia) Agripp(inensis) 8.
Mercurius Alaunus 88.
Aquae (Statiellae) 46.
Aug(usta) Vindelicorum) 7.

Dans(ala) 40.
(H)elvetius 41.
ala (H)ispana 41.
cohors Ituraeorum 52.

‚a l(e)g(ione)', d h. Regensburg 7.
Lin[go?] 39.
Lucus (Augusti) 54.
col(onia) Lug(dunensis) 30.
civitas Mog[ontiacensium] 86.
Petrucorius 42.
cohors Raet(orum) et Vin(delicorum) 53.
Sava(ria) 43.

Cla(udia), Stadt Sava(ria) 43.
Stel(latina), St. Taur(inis) 44.
St(e)l(latina), St. Tau(rinis) 45.
Trom(entina), St. Aquis 46.

Taur(inis) 44. Tau(rinis) 45.
? Travini 18.
cohors I Trhac(um) 40.
civis Trev[ir] 80.
ala Tre[verorum] 71.
Viana 48.
? Visucius 19.

2. Tribus.

Vet(uria), St. Plac(entia) 49.
Volti(nia), St. Luco 54.
Vol(tinia), St. Viana 48.

3. Bauwerke.

Mercurio aed(em), sign(um) in Obrigheim 10.
Visucio aedem cum sign[o] bei Heidelberg 19.
cus(tos) basil(icae) in Mainz 5.
vias et pontes restituerunt — ab Aug. m. p.

XXXX, a l(e)g(ione) m. p. LVI — Meilensäule bei Ickstätten 7.
Strasse am Rhein ‚a col. Agripp. m. p. XXX'
— Meilensäule bei Remagen 8.

III. Religionswesen *).

1. Götter und Göttinnen.

Apollo 58.
Bacchus ? (als Kind) 11. 58.
(Cybele-Rhea 4.)
[dis dea]busque imm[ortalibus] 86.
in h(onorem) d(omus) d(ivinae) 10. 15. 18. 35. 86.
deae Diane 5.
Etrahenis et Gesaienis 31 (vgl. Matronis).
Fortuna 64 (?). 74. 87.
Fortunae 22. Fortunae deae 37. Fortunae Reduci leg. XXII pr. p. f. 76.
Genien 73. 77.
genio loci 3. 27.
genio Mercur[ii] Alauni 88.
Gesaienis 31 (vgl. Matronis).
Hercules 6 (?). 66. 67. 72. 75. 78. 83.
Herculi (30?). 36. 38. deo Herculi 27.
Her(ecure)? 89.

Hygieia 65.
J(ovi) o(ptimo) m(aximo) 1. 2. 3. 17 (?). 83. 86 (?). 87.
Juno 20. 21. 63 (?). 66. 67. 72. 75. 78. 83.
Junoni R[eginae] 86.
Luna 1.
d(is) M(anibus) 56. 62 a. 70. 71. 82. 84. 85. 90.
Mars 17. 74. 77.
Matronen 24. 25. 26.
Matronis Gavadiabus (25). 26. 29.
Matron(is) Gesaienis 24 (vgl. Etrahenis et Gesaienis 31).
Matronis Vatuiabus 33. 34. Vatuimis (?) 32.
[Matro]nis . . . . . iabus 28.
Mercur 9. 10. 11. 12. 58. 63. 65. 66. 72. 74. 75. 77. 83. 88.
Mercurio 10. 13. 14. 89(?). deo Mercurio 9. 15.
genio Mercur[ii] Alauni 88.

---

*) Inschriftliche Nennung ist in III, 1 und 3 mit Antiqua, bildliche Darstellung mit Cursivschrift bezeichnet.

Minerva 66. 67. 72. 75. 78. 83.
Minervae 86. deae Minerve 35.
Mithras 6.
Rosmerta (Maja?) 10. Rosmerte 15.
Sol 1 (vgl. 48).
deo Taranncno 18.
Victoria 17. 74. 77. 87.
Visucio 19.
Vulcan 58. 63. 67. 78. 87.
J. o. m. et genio loci 3.
[J. o. m.], Junoni R[eginae], Minervae [ceteris(?)dis deaJ busque imm[ortalibus]86.
deo Herculi et genio loci 27.
deo Mercurio et Rosmerte 15.

Mars und Victoria 17.
Mercur und Hygieia 65.
Mercur und Rosmerta (Maja?) 10.
Sol und Luna 1.
Mercur, Apollo, Vulcan, [....?] 58.
Mercur, Juno(?), Vulcan, [....?] 63.
Juno, Mercur, Hercules, Minerva 66. 72. 75. 83.
Juno, Minerva, Hercules, Vulcan 67.
Juno, Vulcan, Hercules, Minerva 78.
Fortuna, Mercur, Mars, Victoria 74.
Mercur, Genius, Victoria, Mars 77.
Jupiter (durch den Adler symbolisirt), *Fortuna, Vulcan, Victoria* 87.

2. Symbolische Attribute.

Symbolische Thiere: Adler (4.) 87. Bock 9. 11. 72. 74. (Delphin 24). Eber (?) 6. Eule 67. 72. 75. 78. 83. Hahn 11. 63. 65. 72. 74. 77. 83. Hund 6. 63. 77. (Löwe 4.) Pfau 20. 21. 72. 75. 78. 83. Pferde 1. Rabe 6. Schildkröte 9. 11. 12. 83. Schlange 6. 65. Stier 6. 78. Widder 65.

Andere Symbole: Altar (auf Reliefs) 20 (?). 21. 23. 58. 67. 72. 77. 78. 83. Amboss 58. 63. 78. 87 (Attribut Vulcans). Beutel 10 (2 mal). 11. 12. 74 (?). 75. 83 (Mercur). Blumen 26. 28. 33 (Matronen). Flügel am Kopf 10. 11. 72. 74. 75. 83 (Mercur), an den Füssen 10. 63. 75 (Mercur), an den Schultern 73. 74. 77. 87. Früchte (Aehren, Obst) (4.) 24. 25. 28. 33. Füllhorn 22. 28. 33. 77. Gefässe 6. 24. 65. Hammer 58. 78. 87 (Vulcan). Helm 66. 72. 74. 77. 78. 83. Hesperiden-Aepfel 66. 67. 72. 75 (?). 78. 83 (Hercules). Keule 66. 67. 72. 75. 78. 83 (Hercules). Köcher 72. 78. 83 (Hercules). Körbe mit Früchten 24. 25 (Matronen). Kranz 74. 87. Kugel 17. 74. 77. 87. Lanze 17. 66. 72. 74. 75. 77. 78. 83. Löwenhaut 66. 67. 72. 75. 83 (Hercules). Lyra 58. (Mauerkrone 4.) Meduse 66. 78 (Minerva). Messer 6. (Musik. Instr. 4.) Palmzweig 74. Panzer 77. Schale (zur Libation) 20. 21. 66 (?). 72. 75. 77. 78. 83. Schild als Waffe 17. 66. 67. 72. 75. 77. 78. 83, zum Schreiben 17. 77. 87 (Victoria). Schlangenstab 10. 11. 12. 65. 66. 72. 74. 75. 83 (Mercur). Stab (Scepter) 20. 21. 72. 75 (Juno). Steuerruder 74. 87 (2 mal). Wagen 1. Weihrauchkästchen (acerra) 20. 66. 78. 83. Zange 58. 78. 87 (Vulcan).

3. Tempel, Statuen, Reliefs, Altäre, Votivsteine.

Tempel vgl. II 3.
Statuen: Mercurio aed(em), sign(um) 10. Mercurio basem cum [signo] 14. Visucio aedem cum sign[o] 19. [*Diana* 5, *Fortuna* 76, *Mercur* 13 (?). 88 verloren].
Reliefs: 1. 4. 6. 9. 10. 11. 12. 17. 20. 21. 23. 24. 25. 26. 58. 63. 64. 65. 66. 67. 72. 74. 75. 77. 78. 83. 87. — Opferscenen 6. 23. 24.
Altäre a. mit Inschrift: 17. 18. 22. 35. 37. 79. 83. 86. 87. 89; b. ohne Inschrift: 58. 63. 66. 67. 72. 74. 75. 77. 78.
Votivsteine mit Inschr.: 1. 2. 3. 5. 9. 10. 13. 14. 15. 19. 21. 24—34. 36. 38. 61b. 76. 88.

4. Formeln auf Altären und Votivsteinen.

in h(onorem) d(omus) d(ivinae) 10. 15. 18. 35. 86.
pro salute imp. — [Commodi] 76.
[pro] salute et in[columitate] dd. nostro[rum] 86.
pro se et suis 3. 26. 33. 34. 79. (89?).
ex collata stipe 18.
ex imperio ipsarum l(ibentes) m(erito) 24. 26. 31.
ex iussu 2. a Mercurio iussus 10.
ex pro.... 28.

votum solvit l(ibens) m(erito) 33. v. s. l. m. 3. 15. 25. 27. 29. 30. 32. 34. 36. 37. 79. v. s. l(aetus) l(ubens) m. 1. 9. 14. 17. 83. 87. ex voto — v. s. l. l. m. 17. ex v. s. l. l. m. 88. ex voto susce(pto) — v. s. l. m. 37.
d(ono) d(edit)? 35. d. d. v. s. l. m. 30.
fecit et consacravit 10. fec(it) 19.
testamento suo fieri iussit 76.
Dedicationsformel fehlt 5. 13. 21 (?). 22. 38.

IV. Staatswesen und Municipalverfassung.

M. Aurelius Antoninus Aug. und L. Aurelius Verus Aug. (a. 162) 8.
M. Aurelius [Commodus] Antoninus pius felix (c. 183) 76.
[L. Septimius S]everus, M. Aurelius [Antoninus] (Caracallus), [P. Septimius Geta] (a. 201) 7.
[Diocletianus et] Maximianus Augusti, [Constantius] et Maximia[nus Caesares] (a. 293—305) 86.
M. Aurel. Antonino — cos. III et — L. Aurel. Vero — cos. II (a. 162) 8.

Dextro et Prisco cos. (a. 196) 5.
[L. Septim. S]everus — cos. II (a. 201) 7.

civ(is) Trev[ir] 80.
col(onia) Agripp(inensis) 8.
col. Lug(dunensis) 30.
civitas Mog[ontiacensium] 86.
c(ivitas) S(eptimia) N(emetum) (14). 19.
c(olonia?) Nemet(um) 19.
d. c. c. S. N. ite(m) med(i)c(us?) c. Nemet. 19.
dec. col. Lug(dunensis) 30.
seviri Augustal(es) 15.

V. Militärwesen.

leg(io) I adi(utrix) 43. leg. VIII Aug(usta) 22. leg. XIV gem(ina) 44. 45. 46. leg. XVI 47. leg. XXII prim(igenia) 48. pr. fl idelis) 5. pr. pia f. 62b. pr. p. f. [51]. 76. leg. XXX U(lpia) v(ictrix) 82.
ala (H)ispana 41. ala Rusonis 42. ala eq(nitum) Tre[verorum] 71 (unecht).
cohors I Ituraeorum 52. cho. Raet(orum) et Vin(delicorum) 53. co(hors) IIII Thrac(um) 40.
mil(es) leg. I adj. 43. leg. XIIII gem. 44. 45. 46. leg. XVI 47. leg. XXII prim. 48. leg. XXII pr. f., cus(tos) basil(icae) 5. Bild in Hautrelief, fast Rundfigur 68.
eques ala(e H)ispanae 41 (Reliefbild). al(ae) Rusonis 42. ex co. IIII Trhac. 40 (Reliefbild). eq. Tre[v.] 71 (unecht). —

Reliefbild (Inschrift verstümmelt) 39.
tubicen ex cohorte I Ituraeorum (Reliefb.) 52.
b(ene)f(iciarius) co(n)s(ularis) 3. 36. 38.
c(enturio) leg. VIII Aug. 22.
ex evoc(ato) Aug(usti) [iterum?] cum pertica viatoria 30.
veteranus 73. vet. leg. XXII pr. p. f., m(issus) h(onesta) m(issione), negotiator gladiarius 76. vetr. leg. XXX U. v. 82.
Charge fehlt 53. 71. Charge und Truppentheil fehlen 54.
Votivsteine von Soldaten: 3 (I. o. m. et genio loci). 5 (Dianae). 22 (Fortunae). 36 und 38 (Herculi). 76 (Fortunae Reduci leg. XXII pr. p. f.).
Siegesdenkmal: Ueberwindung eines Ungethüms durch einen Reiter 59.

VI. Grabmäler.

1. Arten.

a. Viereckig, würfel- oder plattenförmig: mit Relief 16. 39. 61 a. 84; mit Inschrift 39. 55. 62 a. 69. 71. 80. 81. 82. 84.
b. oben zugespitzt, mit Sepulcraldreieck (cippi): mit Inschrift 40—48. 52. 54. 56. 57. 85; mit Relief 40. 41. 52. 57. 68.
c. Sarkophag 73.

2. Formeln.

d(i)s M(anibus) 56. 62 a. 71. 82. 84. 85. 90.
ohne d. M. 39—48. 52—55. 57. 69. 73. 80. 81.
[d.] M. et b(onae) m(emoriae) 70.
perpetua[e] securitat[i] 84.
Lebensjahre (anni) 40—48. 52—54. 80. 84 (auch Mon. u. Tage). 85 (2 mal).
Dienstjahre (stipendia) 40—48. 52—54.
hic situs est 42.
   h. s. e. 40. 41. 43—47. 52—54.
ex testam(ento) 44; ins testamenti formula posit 45; posu(it) — ex testamento 40; ex testamento libertus fecit 42.
frater posuit 47; frater e[i] pos[uit] 54; frater pr. p. p. 43.

patri d(efuncto) f(ilius) 62 a; fil(ii) et h(eredes) f(ecerunt) 81; filia et neptes — hered(es) f(aciendum) c(uraverunt) 73.
patres (Eltern) filie dulcissime 70; fecit pater filio dulcissimo, a quo sibi faciendum optaverat, et matri eius etc. 84.
uxori rarissimae feminae fec(it) 69.
amici pos(uerunt) 45.
libertus fecit 42; lib. et her. f. c. 80; libertis fidelissimis vivis fecit, item F. quondam et O. et M. suis rarissimis 84.
h(eres) f. [c.] 82; her(es) p(osuit). h. s. e. 41. f. c. 56 (?). 85; f. f. p. p. p. ? 71.

VII. Grammatik und Orthographie.

A. consacravit 10. — statt ae: Dat. ala(e) Ispanae 41. Saturnina(e) 55. Nom. Plur. Aurelia(e) 73 (?).
E. statt ae: Dat. Sing. Appie, Verine, filie, dulcissime 70. Diane 5. Rosmerte 15. Minerve 35. Meddile 85.
ausgelassen: stip(e)ndia, testam(e)nti 46. St(e)l(latina) 45. vet(e)r(anus) 82.
H. cho(rte) 53. Trhac(um) 40.
weggelassen: Elvetius, Ispanae 41.
I. statt e: ixs = ex 46. — weggelassen: gem(i)nae, Lic(i)nius 46. Bass(i)ana 31. (vgl. Vatuims 32). — I longum (8, 1. 6.) 47, 5. 56, 2. 3. 5. 76, 3. 81, 1. 86, 10. —

I mit Punkt 19, 2. 32, 2. 62 h, 2 (?). 73, 2 (3 mal). 4.
N. weggelassen: co(n)iugi 90. ano 41. 54.
T. weggelassen: Pa(t)erna 31; erhöht: 8. 40. 45. 46. 47. 52. 56. 80.
V. statt i: Septumius 1. — weggelassen: posit 46.
Eigenthümliche Buchstabenformen: 47. 56. (71). 73. 85.
Interpunction innerhalb des Worts 19, 2. 80, 4; unten an der Zeile 73, 1. 4. 5; durch Blätter bezeichnet 22. 29. 37. 42. 47. 48. 84.

Nachträge und Berichtigungen.

S. 8 erg. zu Freher: auch bei Reinhard, rer. Pal. scriptores. Karlsr. 1748. — S. 9, Z. 6 v. u. lies 1868. — Nr. 2, 3 nicht Christ schliesslich doch die Lesung RE|cENS vor. Ueber den Fundort vgl. Bavaria, bayr. Rheinpf. 595. Zur Lit.: Ph. A. Pauli, Gemälde v. Rheinbaiern (1817) 129 (Chr.). — 4 scheint eine freie Nachschöpfung aus der Zeit der Renaissance (Chr.). — 6. Z. 2 lies reconditam paganie i. Nach der (mir zu spät bekannt gewordenen) Abh. Starks, B. J. 46, 1 ff. wäre der Stier „das Bild der im Monde ruhenden, von ihm ausgehenden, in den Monaten reifenden Samenkraft alles Lebendigen," und der auf dem ornamentirten Postament stehende Herakles nicht als Gehilfe, sondern „als die im Cult verehrte Hauptgestalt" aufzufassen, und zwar als Repräsentant der winterlichen Sonne. Die Waffen beider Männer sind nach Christ am besten als leichtgekrümmte Schlachtmesser zu bezeichnen. Lit.: l. Cullmann p. 93 ff.; erg. Seel, Mithrageheimnisse (1823) S. 29. — 9. Vgl. über Cambo Christ. B. J. 52, 85. — 11. Lit.: l. Lehne 261. — 12 (und 19). Teutates (so Lucan) oder Toutatis (CIL III 5320. VII 84) ist nicht geradezu mit Mercur zu identificiren, da er auch l. c. mit Mars combinirt wird. Ueber bekleidete Mercure vgl. Häffelin, acta Pal. V 81 ff. Becker, Nass. Ann. VII, 35. 105 (Chr.). — 15, 1 nach O ein sicherer Punkt, vielleicht auch Z. 6 nach L. Vgl. Aprosius in Neumagen (B. J. 58, 179). Die spezielle Beziehung der Rosmerta auf Viehzucht und Pferdehandel lässt sich nicht erweisen; vgl. Becker, B. J. 55 f., 201 ff. (Recension von Robert). Lit. erg. Wagener 306 (Chr.). 17, 1 glaubt Christ noch den unteren Theil von 1[·O·M·] zu erkennen. Lit. erg. Weidenbach, Nahethal IV 447 (Chr.). — 19, 4 glaubt Chr. Calpurnanius oder — nanus lesen zu müssen. Vinucius wird von Zeuss-Ebel, gramm. celt. "856 als ein von der ig. Wurzel vid abzuleitender, nicht localer Gottesname (etwa = Ἀντίτροος) erklärt (Chr.). Lit. lies: Kopp, Pal. I 354. Zell, üb. Darst. 28; erg.: Ring I 245. Wagener 314 (Chr.). — 20 erwähnt Bavaria, bayr. Rheinpfalz 587 (Chr.). — 21. Lit. erg. Becker, B. J. 44 f., 258, wo zuerst Primanius richtig erkannt ist. — 22. An die Stelle des Originals wurde in die Kapelle zu Bullau eine steinerne Copie gesetzt. Lit. erg. Kopp, Palaeogr. I 218 (nach Lamey). Vgl. auch Schneider, Erb. Hist. 169. Knapp § 3 (Chr.). — 24, 1 steht das zweite I in einer Linne, die ich früher für den Rand hielt; Z. 2 f. hinten sind auch V und A schlecht erhalten. Zur Matronen-Literatur erg. noch Lersch, Centralmuseum rheinl. Inschr. I (1839) S. 23–34 (Chr.). — 30, 5 findet Chr. G noch vollständig erhalten. — 39, 1 setzt Chr. vor S einen Punkt (?). Der Reiter setzt über etwas hinweg, vielleicht einen Felsblock. — 41 und 52 standen nach Lamey, Mscr. 2 (lt. lit. 1764) damals im Haus des Stiftsamtmanns von St. Johann, neben einander. — 57. Vor F könnte auch P gestanden haben. — 63. Dass Mercur geschlechtslos dargestellt wurde, entnahm ich aus Schöpflin, Als. ill. I 454; doch bedarf diese Frage noch näherer Untersuchung. — 71. Wenn Wiltheim sagt: alterum in marmore, alterum in saxo, so meint er mit dem ersteren unser Denkmal, das aus weichem, weissem Kalkstein besteht, mit dem letzteren aber nicht, wie ich B. J. a. a. O. annahm, ein zweites Exemplar derselben Inschrift, sondern Br. 781 (Chr.). — 78. Die acerra ist hier besonders deutlich, mit offenem Deckel (Chr.). — 85. Lit.: Fecht, Gesch. d. bad. Landsch. (I–III 1811–18) hat nur eine flüchtige Erwähnung. — 92 c hält Chr. für das von Lamey erwähnte Fragment.